普通高等教育汽车制造与装配技术专业规划教材

汽 车 冲 压

主　编　范家春　　高　晖
副主编　欧阳波仪　赵　刚
参　编　王　垒　　刘海立　林敦文
主　审　陈秀深

机 械 工 业 出 版 社

本书以汽车冲压生产过程为导向，以冲压实践知识为编写内容，全书共六章。第1章介绍了汽车车身的发展史及冲压的基础知识；第2章介绍了汽车冲压生产设备；第3章介绍了汽车冲压材料；第4章针对汽车冲压常用工序，介绍了冲压工艺与模具，并列举了典型覆盖件的冲压工艺与模具；第5章介绍了汽车冲压件的检测。第6章介绍了汽车冲压安全保护。每一章都进行了总结，并配有相应的思考与练习。

本书可作为高职高专院校汽车制造与装配技术专业的教材，也可作为企业生产技术人员培训及汽车冲压生产技术人员的参考用书。

图书在版编目（CIP）数据

汽车冲压/范家春，高晖主编. —北京：机械工业出版社，2014.11（2025.1 重印）
普通高等教育汽车制造与装配技术专业规划教材
ISBN 978-7-111-48232-1

Ⅰ.①汽… Ⅱ.①范… ②高… Ⅲ.①汽车 – 冲压 – 生产工艺 – 高等职业教育 – 教材 Ⅳ.①U463.820.6

中国版本图书馆 CIP 数据核字（2014）第 234814 号

机械工业出版社（北京市百万庄大街22 号　邮政编码100037）
策划编辑：徐　巍　责任编辑：徐　巍
版式设计：霍永明　责任校对：纪　敬
封面设计：鞠　杨　责任印制：常天培
北京中科印刷有限公司印刷
2025 年 1 月第 1 版第 9 次印刷
184mm×260mm·9.5 印张·218 千字
标准书号：ISBN 978-7-111-48232-1
定价：26.00 元

电话服务　　　　　　　　　网络服务
客服电话：010-88361066　　机 工 官 网：www.cmpbook.com
　　　　　010-88379833　　机 工 官 博：weibo.com/cmp1952
　　　　　010-68326294　　金 书 网：www.golden-book.com
封底无防伪标均为盗版　机工教育服务网：www.cmpedu.com

汽车制造与装配技术专业规划教材
编 委 会

汽车制造与装配技术专业规划教材
专 家 委 员 会

丛 书 序

进入 21 世纪以来，我国汽车产业高速发展，形成了多品种、全系列的各类整车和零部件生产及配套体系，产业集中度不断提高，产品技术水平明显提升，已经成为世界汽车生产大国。以 2009 年中国汽车工业产销量登顶全球第一为标志，中国汽车工业无可争议地完成了从小到大的转变。

在过去十年，中国汽车市场蓬勃发展，从 2004 年产销量双超 500 万辆，到 2013 年产销量双超 2100 万辆，产销量已连续五年保持世界第一。

中国汽车行业正在通过加快结构调整，增强自主创新能力，推动产业升级，迎接新的挑战。汽车的大工业生产方式从生产流水线方式转为汽车平台式生产和"模块化"生产方式，生产组织方式柔性化。汽车零部件设计开发逐步向模块化、通用化方向发展，全球采购也成为发展趋势。

在发达国家，由于市场竞争的不断加剧，客户不断增加的个性化需求，各大汽车企业为了满足市场需要，在市场竞争中立于不败之地，纷纷对生产模式作出相应的优化和调整，以丰田、福特、大众、菲亚特等比较大的生产厂商为首，逐渐由按库存生产转向按订单生产。同时，各大汽车企业也都调整了生产管理模式，即在车身进入总装之前都可以调整订单，这样就可以极大地满足市场及生产的柔性要求。

随着全球化买方市场的逐渐形成，企业所面临的竞争日趋激烈，经济活动的步伐越来越快，客户对时间方面的要求越来越高。这一变化的直接反映就是竞争主要因素的变化。20世纪初期，企业间竞争的主要因素是成本，通过大批量生产来降低成本是那个年代应对竞争的主要方法。到 20 世纪中期，竞争的主要因素变为质量，通过精益生产方式来削减浪费提高质量成为那个年代企业管理的潮流。进入 21 世纪以后，企业的主要竞争因素变为时间。在客户需要的时候提供正确的产品成为竞争力的关键因素。这要求汽车的制造系统能够在客户需求驱动下柔性地组织生产过程并快速地响应客户需求，即所谓的定制化批量生产，同时要降低多样化成本。信息技术在生产排产、订单执行、自动叫料、质量追溯、防止装配错误和车辆状态跟踪等领域的广泛应用，使得汽车能够在客户订单驱动下进行快速、高质量和低成本的生产。

汽车的制造方式从最初的单辆手工生产，到大批量生产，再到精益生产，经历了几个阶段的不断进化。在过去的十多年，精益生产方式所倡导的零库存、零浪费、零缺陷，通过准时制生产(JIT)、生产线均衡化设计、全面质量管理、全员参与和持续改善等手段将汽车的生产制造时间大大缩短。

从客户的角度出发，汽车企业的供应链管理必须能够准确地把握各种类型的客户需求

（预测、意向、线索、商机、订单），并在正确的时间开始以正确的数量、正确的质量和正确的成本组织生产正确的产品，并交付到正确的地点。汽车企业不得不在生产多样化产品的同时，实现供应链的高质量、低成本和快速反应。这对汽车企业的供应链管理提出了严峻的挑战。

随着汽车的普及，人们对汽车的了解越来越多，汽车客户会越来越关注汽车的技术及性能指标，例如：汽车的碰撞性能、油耗、转向功能（电子转向还是液压转向）、制动系统功能、安全系统功能，以及方便性功能，如导航、USB、胎压系统、智能钥匙等。这使得汽车企业的竞争从售价竞争到造型和内外饰的感官竞争逐步向技术性竞争发展。

汽车工业已经成为中国经济发展的重要支撑，为社会开辟了广泛的就业市场，汽车类专业也日益成为热门，特别是职业院校的汽车类专业在近年飞速发展。

然而，职业教育作为汽车应用型人才培养的主体仍处于发展初期，汽车应用型人才的供需矛盾日益凸显，特别在专业知识与技能的掌握上，企业希望能找到具备实用性专业知识与技能的员工，而学校现有的汽车制造与装配技术专业教材还停留在介绍汽车生产流水线技术等内容层面上，满足不了汽车制造企业对职业岗位群的需要。

本丛书编写的出发点就是缓解这一矛盾，希望能提供汽车行业系统的实用性知识与技能，将企业所需的部分专业知识、技能的培训过程延伸到学校，为汽车行业培养更多符合实际需要的人才。

本丛书是在广泛而深度调研的基础上，以中国高等职业技术教育研究会"十二五"规划课题"职业院校汽车类专业校企合作专业建设模式研究"（课题编号 GZYGH2011016）为依托，结合企业运作与学生特点编写而成的实用性教材，书中大量知识与技能均来源于企业，其编写方式也充分考虑了职业院校学生的知识背景和学习特点，便于教师授课，实现学生"愿学、易学、实用"的目标。

本丛书不但包含了汽车产品类教材，同时也包含了从采购、制造、销售到管理的整个汽车产业链相关教材，具体如下：

产品类：《汽车品牌文化》《汽车构造》《汽车电器》

采购类：《汽车零部件供应商管理》

制造类：《汽车冲压》《汽车焊装》《汽车涂装》《汽车总装》《发动机及关键零部件制造技术》

营销类：《汽车营销》

管理类：《汽车制造物流与供应链管理》《汽车制造安全管理》《汽车生产中的 IT 技术》《汽车制造质量管理》

本丛书编写采取了职教专家、行业专家、出版社编辑"三位一体"结合的模式，编委会成员来自我国主流汽车企业和汽车院校。

本丛书的特点：

（1）校企人员合作编写，贴合企业的实际岗位需求。

（2）部分教材以情景模式导入，设定的情景多来自企业一线以及教学一线的真实案例。

（3）具有现实性、超前性，强调理论知识与企业实际需要的结合，有极强的针对性。

相信本丛书的出版将对我国汽车类职业教育的发展作出积极的贡献，为我国汽车行业应用型人才的培养作出有益的探索。由于编者经历与水平有限，相关内容还存在不足之处，我们衷心期待各位读者、同仁批评指正，以便再版时修正。

普通高等教育汽车制造与装配技术专业规划教材编委会

前　言

　　汽车制造中的大多数金属零部件需要经塑性加工成形，冲压加工是完成金属塑性成形的一种重要加工方法，它是最基本、最传统、最重要的金属加工方法之一。车身上的各种覆盖件、车内支撑件、结构加强件，还有大量其他汽车零部件，如发动机的排气弯管及消声器、空心凸轮轴、油底壳、发动机支架、框架结构件、横纵梁，等等，都是经冲压成形的。随着汽车制造业的高速发展，汽车冲压技术也在不断进步，模块化冲压技术、新模具材料、特种冲压成形，尤其是计算机辅助技术极大促进了冲压技术的发展，在很大程度上对汽车制造质量和成本产生直接而重要的影响。

　　汽车冲压生产是汽车制造过程中的一种重要加工手段，成形件的质量直接影响汽车整车的质量和外观，合理选择冲压加工工艺尤为重要。为适应汽车冲压生产，需要培养大量的生产技术人才，让更多的人尽快地掌握汽车冲压生产技术。

　　编者长期从事汽车制造生产实践教学和科研工作，在学习和工作中积累了一些资料和心得体会，现在把它们编写出来，希望能为广大高职院校师生和生产技术人员提供点帮助。本书由范家春、高晖担任主编，范家春负责本书的统筹编写，高晖编写了汽车冲压概论、汽车冲压材料、汽车冲压安全保护，欧阳波仪、赵刚编写了汽车覆盖件冲压工艺与模具，刘海立、林敦文编写了汽车冲压生产设备，王垒编写了汽车冲压件检测。

　　本书在编写上突出了以下三个方面的特点：

　　(1) 内容结合了汽车冲压生产实践需要，突出了实践性和实用性。

　　(2) 注重专业整体策划，本书同时也是课题"汽车制造与装配技术专业中高职课程体系衔接实践研究"的研究成果，各门课程内容相互独立又有机衔接。

　　(3) 案例丰富，整理了大量车身覆盖件的冲压工艺和模具结构。

　　由于编者水平有限，错误和不当之处在所难免，欢迎批评指正！

编　者

目　　录

第1章
汽车冲压概论

学习目标 ▶

1. 认识汽车车身发展的历程。
2. 认识汽车车身覆盖件结构。
3. 认识冲压成形基础知识。
4. 认识车身覆盖件成形工艺。

1.1 汽车车身覆盖件

1.1.1 汽车车身发展史

从 19 世纪末到 20 世纪初, 汽车设计师把主要精力都用在了汽车机械工程学的发展和革新上。20 世纪前半期, 汽车的基本构造已经全部发明出来, 汽车设计者们开始着手从汽车外部造型上进行改进, 并相继引入了空气动力学、流体力学、人体工程学以及工业造型设计 (工业美学) 等概念, 力求让汽车能够从外形上满足各种年龄、各种阶层, 甚至各种文化背景的人的不同需求, 使汽车真正成为科学与艺术相结合的统一体, 从而达到最完善的境界。汽车车身的作用主要是保护驾驶人以及构成良好的空气力学环境。好的车身不仅能带来更佳的性能, 也能体现出汽车主人的个性。

汽车车身结构主要包括: 车身壳体、车门、车窗、车前板制件、车身内外装饰件和车身附件、座椅以及通风、暖气、冷气、空气调节装置等等。汽车造型师们把汽车装扮成人类的肌体, 例如: 汽车的眼睛——前照灯; 嘴——进风口; 肺——空气滤清器; 血管——油路; 神经——电路; 心脏——发动机; 胃——油箱; 脚——轮胎; 肌肉——机械部分, 力图使之具有艺术魅力, 给人以美感。汽车车身在发展过程中主要经历了马车形汽车、箱形汽车、甲壳虫形汽车、船形汽车、鱼形汽车、楔形汽车。

1. 马车形汽车

我国古代早有 "轿车" 一词, 是指用骡马拉的轿子。当西方汽车大量进入中国时, 正是封闭式方形汽车在西方流行之时。那时汽车的形状与我国古代的 "轿车" 相似, 并与 "轿车" 一样让人感到荣耀。于是, 人们就将当时的

图 1-1　马车形汽车

汽车称为轿车。最早出现的汽车，其车身造型基本上沿用了马车的形式，因此被称为"无马的马车"如图1-1所示。英文名Sedan就是指欧洲贵族乘用的一种豪华马车，它不仅装饰讲究，而且是封闭式的，可防风、雨和灰尘，并提高了安全度。18世纪这种车传到美国后，也只有纽约、费城等少数大城市中的富人才有资格享用。1908年福特推出T型车，车身由原来的敞开式改为封闭式，其舒适性、安全性都有很大提高。福特将他的"封闭式汽车"（Closedcar）称为Sedan。著名的福特T型车是马车形汽车的佼佼者。

2. 箱形汽车

美国福特汽车公司在1915年生产出一种不同于马车形的汽车，其外形特点很像一只大箱子，并装有门和窗，人们称这类车为"箱形汽车"，如图1-2所示。因这类车的造型酷似欧洲贵妇人用于结伴出游和其他一些场合的人抬"轿子"式轻便座椅，所以它在商品目录中被命名为"轿车"。

图1-2 箱形汽车

上述两种汽车的诞生，很显然是受到旧时代交通工具的影响，由于当时科学并不是很发达，人们在发明汽车的同时并没有关注对汽车其他方面的要求，而是单纯地去追求汽车直接的运输以及交通能力，对于车身以及外形没有多大的建树。整个车厢或者车身，只是给人们一个乘坐汽车的地方。

3. 甲壳虫形汽车

1934年，流体力学研究中心的雷依教授，采用模型汽车在风洞中试验的方法测量了各种车身的空气阻力，这是具有历史意义的试验。1934年，美国的克莱斯勒公司首先采用了流线形的车身外形设计。1937年，德国设计天才费迪南德·保时捷开始设计类似甲壳虫外形的汽车。甲壳虫不但能在地上爬行，也能在空中飞行，其形体阻力很小。保时捷教授最大限度地发挥了甲壳虫外形的长处，使大众汽车成为当时流线形汽车的代表作。从20世纪30年代流线形汽车开始普及到40年代末的20年间，是甲壳虫形汽车的黄金时代，甲壳虫形汽车如图1-3所示。

图1-3 甲壳虫形汽车

4. 船形汽车

1945年，福特汽车公司重点进行新车型的开发，经过几年的努力，终于在1949年推出了具有历史意义的新型V8型福特汽车。因为这种汽车改变了以往汽车造型的模式，使前翼子板和发动机盖，后翼子板和行李箱盖融于一体，前照灯和散热器罩也形成整体，车身两侧形成一个平滑的面，车室位于车的中部，整个造型很像一只小船，所以人们把这类车称为船型汽车，如图1-4所示。

科技是第一生产力，生产力的进步，带动科学技术的发展，才能引发汽车车身本质上的改变。甲壳虫形汽车和箱形汽车两种汽车车型的开发表明，人们对车身的作用有了进一步的认识，并且把车身的发明更新变成了汽车的一部分，而不只是把车身看作是承载乘客的地方。就车身而言，对于空气阻力的研究是它的重点，科学的发展，特别是流体力学的发展，让人们可以从车身的形态上来减少它对空气的摩擦，或者说更容易推开空气，可以顺着空气的流动而进行运动。

图 1-4　船形汽车

5. 鱼形汽车

为了克服船形汽车的尾部过分向后伸出，在汽车高速行驶时会产生较强的空气涡流这一缺陷，人们又开发出像鱼的脊背的鱼形汽车，如图 1-5 所示。1952 年，美国通用汽车公司的别克牌轿车开创了鱼形汽车的时代。如果仅仅从汽车背部形状来看，鱼形汽车和甲壳虫形汽车是很相似的。但如果仔细观察，会发现鱼形汽车的背部和地面所成的角度比较小，尾部较长，围绕车身的气流也就较为平顺，所以涡流阻力相对较小。

图 1-5　鱼形汽车

6. 楔形汽车

鱼形鸭尾式车型虽然部分克服了汽车高速行驶时空气的升力，但却未从根本上解决鱼形汽车的升力问题。在经过大量的探求和试验后，设计师最终找到了一种新造型——楔形汽车，如图 1-6 所示。这种造型就是将车身整体向前下方倾斜，车身后部像刀切一样平直，这种造型能有效地克服升力。第一次按楔形设计的汽车是 1963 年的斯蒂贝克·阿本提，这辆汽车在汽车外形设计专家中得到了极高的评价。1968 年，通用公司的奥兹莫比尔·托罗纳多改进和发展了楔形汽车，1968 年又为凯迪拉克高级轿车埃尔多所采用。楔形造型主要在赛车上得到广泛应用。因为赛车首先考虑流体力学（空气动力学）等问题对汽车的影响，

图 1-6　楔形汽车

车身可以完全按楔形制造，而把乘坐的舒适性作为次要问题考虑。如 20 世纪 80 年代的意大利法拉利跑车，就是典型的楔形造型。楔形造型对于目前的高速汽车来说，无论是从其造型的简练、动感方面，还是从其对空气动力学的体现方面，都比较符合现代人们的主观要求，具有极强的现代气息，给人以美好的享受和速度的快捷感。日本丰田汽车有限公司的 MR2

型中置发动机跑车(尾部装有挠流板),是楔形汽车中的代表车。

汽车车身发展到这个时候,已经不只是在关注减少阻力了。汽车造型的发展是以更好地将空气动力学设计方案与乘坐舒适性恰当地予以结合,在充分考虑到以上两个关键问题的基础上,努力开发人体工程学领域的新技术,以设计、制造出更完美、更优秀的汽车为目标。外形的美观和乘坐的舒适性将是车身设计的两大追求,乘坐的舒适性,是自汽车发明之后就有的追求,坐垫位置的设计,车的大小等等一系列关于乘坐的因素,都产生了很大的变化。而对于外形的追求,也是近代汽车的一个追求重点,人们对车身的研究达到一定程度后,也将眼光更多地投入到车身自身的美感上。在人们心中,总有一天,汽车车身会是带有优美曲线的"玻璃罩",与之交相辉映的是具有几何形态的车体,透着浑圆和流线风格。那时,汽车色彩的喷涂将在鲜艳中体现出柔和感和透明感,因而会格外赏心悦目。

汽车车身给驾驶人提供便利的工作条件,给乘员提供舒适的乘坐条件,保护他们免受汽车行驶时的振动、噪声、废气的侵袭以及外界恶劣气候的影响,并保证完好无损地运载货物且装卸方便。汽车车身上的一些结构措施和设备还有助于安全行车和减轻事故的后果。车身保证了汽车具有合理的外部形状,在汽车行驶时能有效地引导周围的气流,以减少空气阻力和燃料消耗。此外,车身有助于提高汽车行驶稳定性和改善发动机的冷却条件,并保证车身内部良好的通风。汽车车身是一件精致的综合艺术品,应以其明晰的雕塑形体、优雅的装饰件和内部覆饰材料,以及悦目的色彩使人获得美的感受,点缀人们的生活环境。

汽车是现代社会一个必不可少的交通工具,而汽车车身是汽车不可分割的一部分,也是汽车风景中那道独特的色彩,它兼具了实用性和美观性两大内容。

1.1.2 车身覆盖件结构

1. 车身的定义及功能

(1) 车身的定义 驾驶人的工作场所,也是容纳乘客和货物的场所,起到封闭作用,还应保证行车安全和减轻事故后果。

(2) 车身的功能 车身具有如下功能:

① 为驾驶人提供良好的操作条件和舒适的工作场所。

② 由于车身可以隔离汽车行驶时的振动、噪声、废气以及恶劣气候的影响,所以车身可以为乘员提供舒适的乘坐条件。

③ 保证完好无损地运载货物且装卸方便。

④ 车身结构和设备可以保证行车安全和减轻事故后果。

⑤ 车身合理的外部形状,可以在汽车行驶时有效引导周围的气流,提高汽车的动力性、燃料经济性和行驶稳定性,改善发动机的冷却条件和驾驶室内的通风。

2. 汽车车身的种类

汽车车身的种类很多,根据车型和结构不同,有不同的分类方法。

① 根据车型的不同,可分为轿车车身、大型客车车身及载货汽车车身(包括驾驶室和车厢)。

② 根据车身承载形式的不同,可分为非承载式车身、半承载式车身及承载式车身。

③ 根据车身结构的不同，可分为有骨架车身、无完整骨架车身。

3. 车身覆盖件结构

汽车车身是由白车身、车身内饰件、外饰件、车窗、座椅、通风装置等组成，其中白车身是指覆盖件焊接后尚未进行喷漆的汽车车身结构。白车身（覆盖件）主要是由四门、三盖（发动机盖总成、行李箱盖总成、顶盖总成）、左右翼子板总成、左右侧围、地板总成、发动机舱总成、行李箱总成等组成。如图1-7所示。

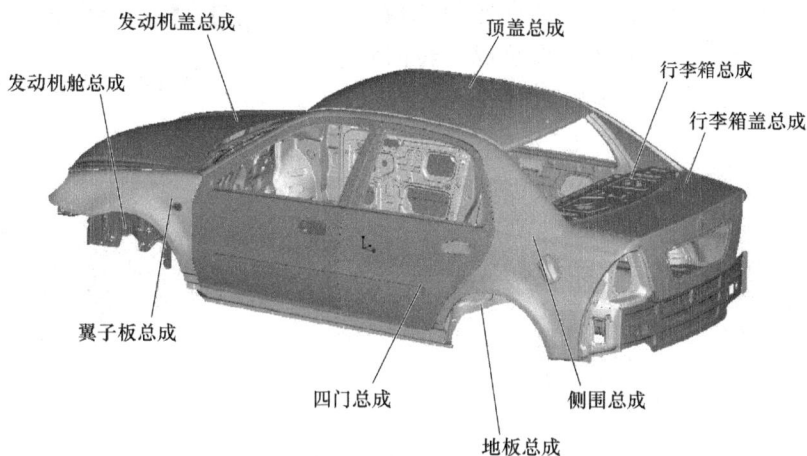

图1-7　轿车车身覆盖件

（1）发动机舱总成　如图1-8所示，发动机机舱总成的作用是安置汽车的发动机、变速器、转向装置、制动装置等重要总成，其作用越来越重要，肩负着被动安全性的重要使命，即当汽车发生意外的正面碰撞时，发动机舱会折曲变形以吸收碰撞产生的巨大能量，减少碰撞对车内外人员的猛烈冲击，起到保护车内乘员的作用。发动机舱总成由左前挡泥板总成、右前挡泥板总成、前围挡板总成、散热器前横梁总成四部分构成。

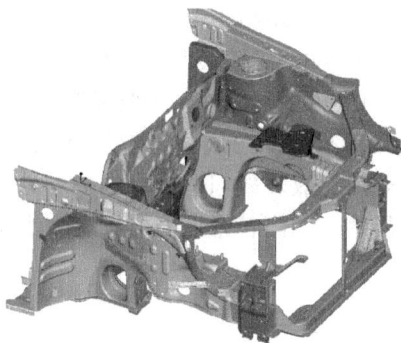

图1-8　发动机舱总成

（2）前地板总成　如图1-9所示，前地板总成是车身下部非常重要的部件。主要承载前排座椅兼有承重的任务，因此地板结构保持足够的刚度和强度是至关重要的，前地板承重部位应力变化复杂，零部件安装部位等多处加横梁、加强板等，并在前地板主板上压制加强筋和凸凹平台，从而提高地板的强度。前地板总成由前地板、左下后加强梁、右下后加强梁、驻车制动操纵机构加强板、前地板上横梁、前地板左边梁、前地板右边梁等组件构成。

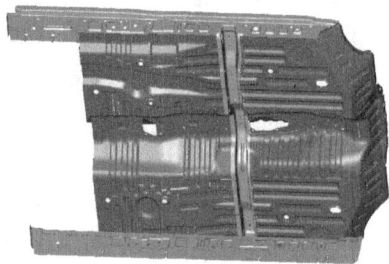

图1-9　前地板总成

（3）后地板总成　如图1-10所示，后地板总成的主要作用是承载后排座椅、备胎、油箱。其强度和刚度是由在主板上压制的加强筋、凸凹平

台和后车架总成保证的。后地板部分同时还影响到
整车的四轮定位尺寸,所以对后地板的装配精度要
求比较高。后地板总成由后地板、后地板左纵梁总
成、后地板右纵梁总成、后地板第二横梁分总成、
后地板第一横梁分总成等组件构成。

(4)前围上部总成 如图1-11所示,前围上部
总成的主要作用为装配仪表板及转向座等总成,由
前围上部内板总成、前围上部外板总成、转向管柱
安装支座总成、仪表板左右侧端内板构成。

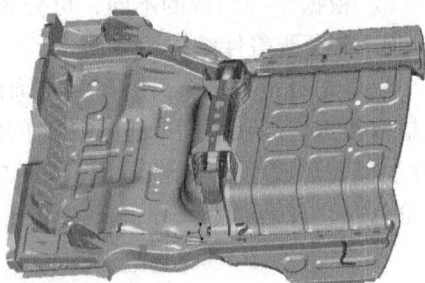

图 1-10　后地板总成

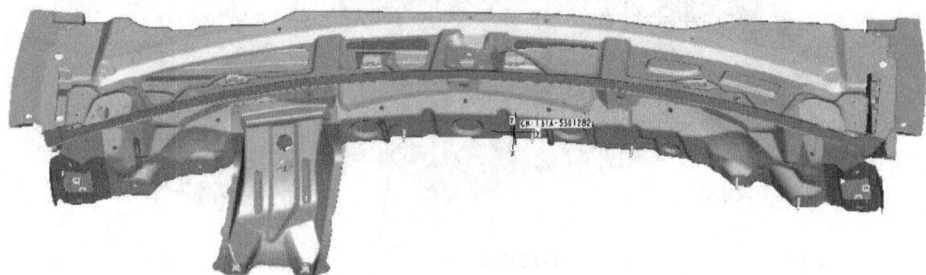

图 1-11　前围上部总成

(5)左右侧围总成 如图1-12所示,侧围总成是形成轿车左右侧壁,组成乘员室的重要结
构。它主要由侧围焊接总成组成,是支撑顶盖,连接车身前后部分的侧围面构件,是固定前后风
窗玻璃,并用来安装侧门,保证车身受到侧面撞击安全性的承载框架,具有较大的抗弯、抗扭的
刚性和强度。侧围总成由侧围外板总成、前柱内板、中立柱内板、轮罩总成四部分构成。

(6)四门总成 如图1-13所示,四门总成分为左前门总成、右前门总成、左后门总成、
右后门总成。四门总成由内板、外板、防撞梁、铰链及螺栓构成,四门总成与侧围总成组成
乘员室。四门各一根防撞梁,大大增强了抵抗前方、横向碰撞的能力。

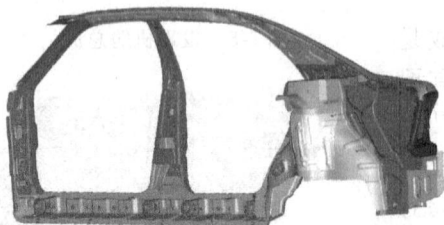

图 1-12　左右侧围总成

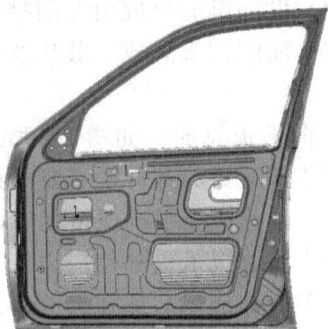

图 1-13　四门总成

(7)发动机盖总成 如图1-14所示,发动机盖(又称发动机罩)是最醒目的车身构件,
是购车者经常要仔细观看的部件之一。对发动机盖的主要要求是隔热隔声、自身质量轻、刚
性强。发动机盖一般由外板和内板组成,中间夹以隔热材料,内板起到增强刚性的作用,基
本上是骨架形式。发动机盖开启时一般是向后翻转,向后翻转的发动机盖打开至预定角度,
不应与前风窗玻璃接触。为防止汽车在行驶过程由于振动自行开启,发动机盖前端要有保险

锁钩锁止装置。发动机盖板总成由发动机盖内板、发动机盖外板、发动机罩左右铰链总成及六角头螺栓构成。

（8）行李箱盖总成　如图1-15所示，行李箱盖要求有良好的刚性，结构上与发动机盖基本相同，也有外板和内板，内板有加强筋。一些被称为"二厢半"的轿车，其行李箱向上延伸，包括后风窗玻璃在内，使开启面积增加，形成一个门，因此又称为背门，这样既保持一种三厢车形状又能够方便存放物品。如果轿车采用背门形式，背门内板侧要嵌装橡胶密封条，围绕一圈以防水防尘。行李箱盖开启的支撑件一般用勾形铰链及四连杆铰链，铰链装有平衡弹簧，使启闭箱盖省力，并可自动固定在打开位置，便于提取物品。行李箱盖总成由行李箱盖后排座椅挂钩固定板总成、行李箱主盖板、左右侧连接角板和流水槽构成。

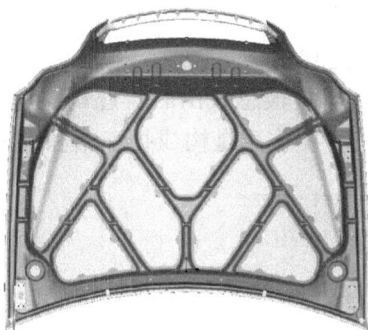

图1-14　发动机盖总成

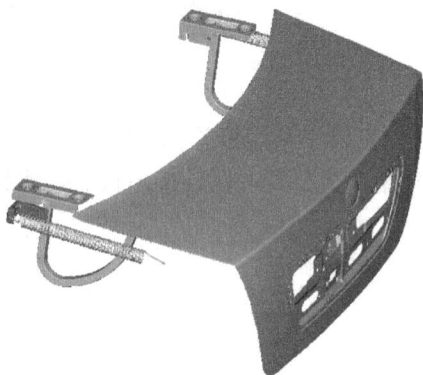

图1-15　行李箱盖总成

（9）翼子板　如图1-16所示，翼子板是遮盖车轮的车身外板，因旧式车身该部件形状及位置似鸟翼而得名。按照安装位置又分为前翼子板和后翼子板，前翼子板安装在前轮处，因此必须要保证前轮转动及跳动时的最大极限空间，设计者会根据选定的轮胎型号尺寸用"车轮跳动图"来验证翼子板的设计尺寸。后翼子板无车轮转动碰擦的问题，但出于空气动力学的考虑，后翼子板略显拱形弧线向外凸出。现在很多轿车翼子板已与车身本体成为一个整体。对于白车身来说翼子板碰撞机会比较多，所以前翼子板一般是独立装配，这样容易整件更换。

（10）顶盖总成　如图1-17所示，车顶盖是车厢顶部的盖板。对于轿车车身的总体刚度而言，顶盖不是很重要的部件。从设计角度来讲，重要的是它如何与前、后窗框及与支柱交界点平顺过渡，以求得最好的视觉感和最小的空气阻力。为了安全，车顶盖还应有一定的强

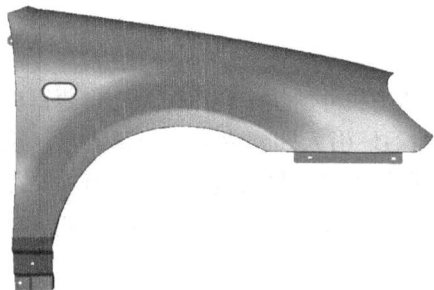

图1-16　翼子板

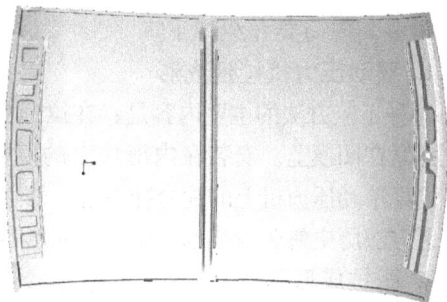

图1-17　顶盖总成

度和刚度，一般在顶盖下增加一定数量的加强梁，顶盖内层敷设绝热衬垫材料，以阻止外界温度的传导及减少振动时噪声的传递。顶盖总成由顶盖外板、顶盖 1 号横梁、顶盖 2 号横梁、顶盖 3 号横梁四部分构成。三个横梁大大提高了顶盖总成的强度。

（11）后围板总成　如图 1-18 所示，后围板总成由行李箱门横梁、后围板、行李箱门锁安装板总成、后围加强板构成。后围板总成参与了构成行李箱，是车体固件中承受横向载荷的主要部位之一。

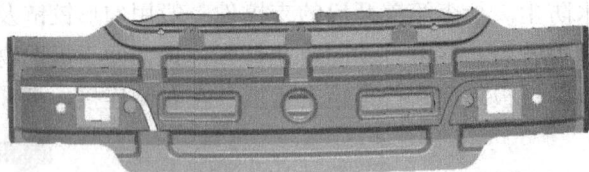

图 1-18　后围板总成

（12）行李箱隔板总成　如图 1-19 所示，行李箱隔板总成由后排座椅挂钩固定板总成、行李箱主盖板、左右侧连接角板、流水槽构成。其主要作用是构成行李箱和固定后排座椅。

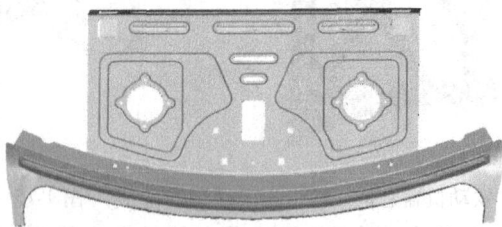

图 1-19　行李箱隔板总成

1.2　汽车冲压生产

汽车冲压生产是生产车身冲压件，主要是指车身的内、外覆盖件，如驾驶室、发动机盖、车门等。这些冲压件是由薄钢板在双轴向拉延应力的作用下产生变形而成为曲面覆盖件的。覆盖件的特征是具有形状复杂的空间曲面，要求表面光洁、刚性好和美观。这些要求是通过加工过程中工件产生足够的塑性变形并与模型相吻合而获得的。生产车身冲压件的工艺方法很多，现简要介绍如下。

1. 双动压力机拉延成形

这种工艺方法的主要内容是：在拉延之前，装夹于压力机外滑块上的压边圈先将薄钢板毛坯四周压紧在凹模上，安装在内滑块上的模具，再将钢板毛坯引入凹模内完成拉延成形。拉延之后，再经单动压力机上的配套冲模进行修边、翻边、冲孔等工序，最后成为完整的合格产品。这种工艺方法历史悠久，技术完备，能成形各种复杂形状的车身覆盖件，因此被广泛采用。

2. 张拉成形

这种工艺方法的内容是：先使薄钢板产生弹性极限范围内的单向张拉应力，以利于在以后压制成形时钢板各部分均能处于塑性变形状态，从而达到成形稳定、提高冲制精度的目的。其成形过程如图 1-20 所示。

如图 1-20a 所示,将毛坯置于夹持座内并夹紧,以预定的载荷进行单向拉延,载荷值由夹持座的位移控制。

如图 1-20b 所示,毛坯夹持座下移,将毛坯压盖在下模上,其下移量由工作要求确定。如图 1-20c 所示,上模下落,与下模闭合,毛坯成形。成形过程中,毛坯夹持座在液压作用下使毛坯保持张力,而液压的"软"支撑作用,可以防止冲压件产生起皱或冲裂现象。上模到达下止点时,液压作用降为零,致使张力消失,以防止冲压件破裂和变形。如图 1-20d 所示,上模回升。如图 1-20e 所示,毛坯夹持座随之升起,冲压件脱模。然后毛坯夹持座松开,取出冲压件。上述张拉成形全过程均可实现机械化。这种工艺方法,可用于生产公共汽车和厢式汽车车身前后围下部及各种弯角门柱等。

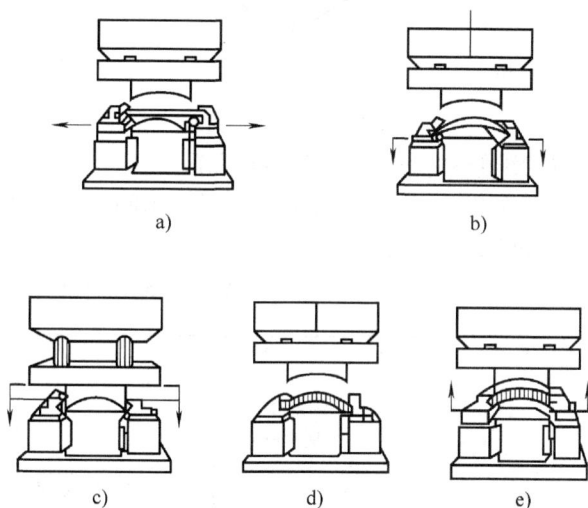

图 1-20 张拉成形过程

3. 扩张成形

这是由四个车身冲压件组合成盒形的薄板冲压件的成形工艺。方盒形的毛坯通过心部的内冲头组向外围的外冲模组进行径向扩张,使方盒形毛坯处于张拉状态,外冲模组从四周朝内冲头组作径向移动,与内冲头组闭合,毛坯即成为四个冲压件。扩张成形的工艺过程如图 1-21 所示。图 1-21a 所示为通过切断、卷圆、焊接和扩张等工艺程序,制成方盒形毛坯;图 1-21b 所示为把毛坯套入扩张成形机内的内冲头组上,依次扩张成形;图 1-21c 所示为将成形好的毛坯送入切开机上切成四件。

用这种工艺方法生产轿车车门,生产过程可以高度机械化。它可以一次生产一辆轿车的四种车门,也可以一次生产四个同一类型的车门,还可以用来压制发动机罩、翼子板、地板、前围、仪表板、顶盖、行李箱盖和油箱等半壳形零件。

此外,超声波振动冲压、爆炸成形、液压成形、电磁成形等工艺方法在车身制造中也得到应用。

冲压厂是车身厂的重要组成部分,车身冲压厂具有以下特点:

(1) 车身冲压厂的组成 车身冲压厂一般由以下几部分组成:①薄钢板卷料仓库。②卷料开卷落料生产线。③成垛落料毛坯的储存和输送系统。④冲压生产线。⑤冲压件储存和输送系统。⑥冲压废料的输送、分理、打包和储存系统。⑦模具的安装、调整、储存和维修

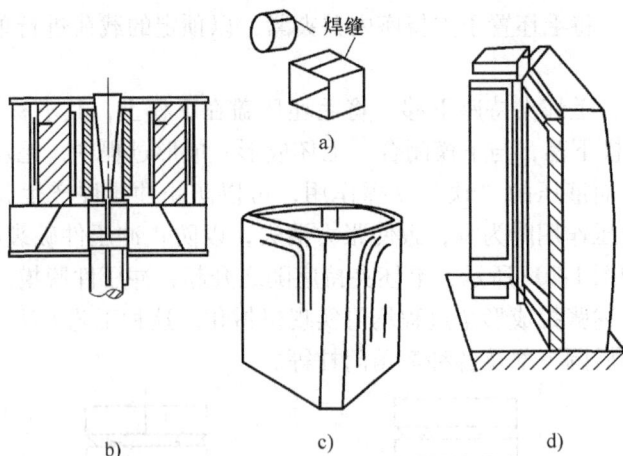

图 1-21　扩张成形过程

系统。⑧设备和机械装置的维修和易损备件的更换系统。

（2）车间的平面布置　如图 1-22 所示为车身冲压厂车间的典型平面布置图，图中说明了冲压生产过程中组成部分所处的合理位置。

近年来，由于汽车工业迅速发展，而新建的大型车身冲压车间，大体上与图 1-22 相同，

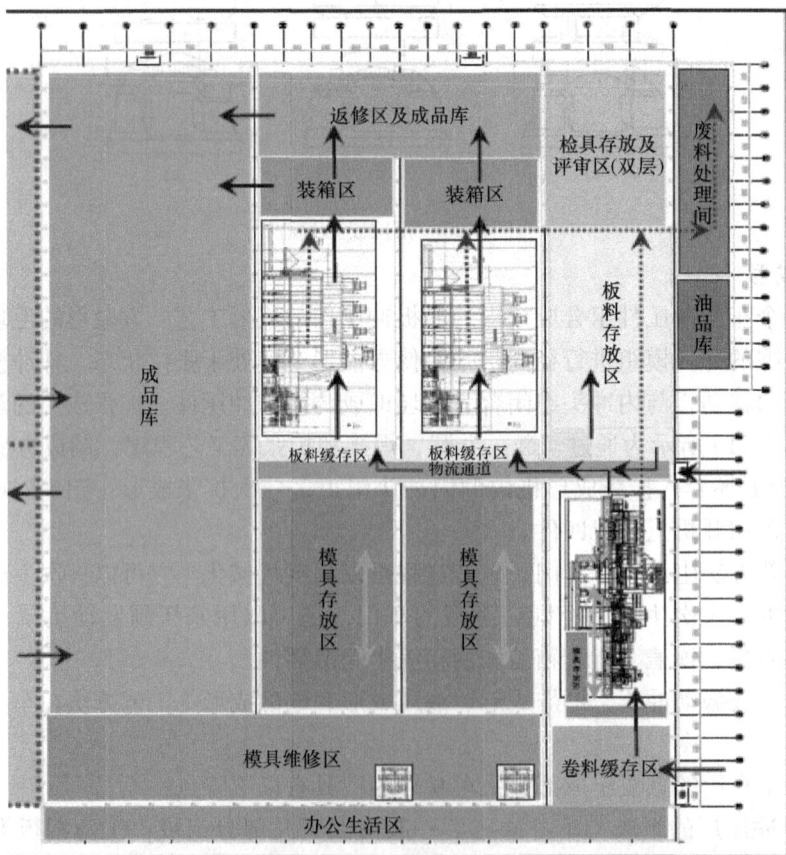

图 1-22　冲压厂车间典型平面布置图

但其厂房结构和平面布置又完全不一样，可以概括出以下三个特点：

① 利用压力机的带形基础，建成二层楼的冲压车间，带形基础的钢梁上（即车间楼上）为压力机生产线，属于冲压生产系统，在带形基础的地沟内设废料处理系统，车间楼下为钢板卷料储存仓库。

② 钢板卷料通过专用轨道从楼上进入冲压车间，冲压废料通过另一条专用轨道从一楼送出冲压车间。

③ 零件先进入集装箱，用叉车送到高架仓库，然后再分送至装配生产线。

1.3　冲压成形基础

汽车零件的冲压主要是指金属板料在常温下的冲压，即通过安装在压力机上的模具，对板料施加外力，使之产生塑性变形或分离，从而获得一定尺寸、一定形状和一定性能的汽车零件的加工方法。

1.3.1　覆盖件的成形特点

汽车覆盖件总体尺寸大、相对厚度小、形状复杂、轮廓内部带有局部形状，这些结构特点决定了其冲压成形具有如下特点。

1. 一次拉深成形

对于轴对称零件或盒形零件，若拉深系数小于一次拉深的极限拉深系数，则不能一次拉延成形，需要采用多次拉深成形，并且可以计算出每次拉深的拉深系数等工艺参数及中间毛坯尺寸等，但对于汽车覆盖件来说，由于其结构复杂，变形复杂，因此其规律难以定量把握，以目前的技术水平还不能进行多次拉深工艺参数的确定。而且多次拉深易形成的冲击线、弯曲痕迹线也会影响其表面质理，这对覆盖件是不允许的。因此，汽车覆盖件的成形都是采用一次拉深成形。

2. 拉胀复合成形

汽车覆盖件成形过程中的毛坯变形不是简单的拉深变形，而是拉深和胀形同时存在的复合成形。一般来说，除内凹形轮廓（如 L 形轮廓）对应的压料面外，压料面上毛坯的变形为拉深变形，而轮廓内部（特别是中心区域）毛坯的变形为胀形变形。

3. 局部成形

轮廓内部有局部形状的零件冲压成形时，压料面上的毛坯受到压边圈的压力，随着凸模的下行而首先产生变形并向凹模内流动。当凸模下行到一定深度时，局部形状开始成形，并在成形过程的最终时刻全部贴模。因此，局部形状外部的毛坯难以向该部位流动，该部位的成形主要靠毛坯在双向拉应力下的变薄来实现面积的增大，即这种内部局部成形为胀形成形。

4. 变形路径变化

汽车覆盖件冲压成形的过程中，内部的毛坯不是同时贴模，而是随着冲压过程的进行而逐步贴模。这种逐步贴模过程，使毛坯保持塑性变形所需的成形力不断变化，毛坯各部位板面内的主应力方向与大小、板平面内两主应力之比等受力情况不断变化，毛坯（特别是内部毛坯）产生变形的主应变方向与大小、板平面内两主应变之比等变形情况也随之不断地变化，即毛坯在整个冲压过程中的变形路径不是一成不变的，而是改变的。

1.3.2 冲压成形工序

由于冲压件的形状、尺寸和精度要求不同，因此，冲压加工方法是多种多样的。根据材料的变形特点及企业现行的习惯，冲压的基本工序可分为分离工序与成形工序两大类。

分离工序是使冲压件与板料沿要求的轮廓线相互分离，并获得一定断面质量的冲压加工方法。

成形工序是使冲压毛坯在不破裂的条件下发生塑性变形，以获得所要求形状、尺寸的零件的冲压加工方法。

按冲压方式的不同，又有多种基本工序，见表1-1。

表1-1 冲压的基本工序

类型	工序	图例	工序特点
分离	落料		用模具沿封闭线冲切板料，冲下的部分为工件，其余部分为废料
	冲孔		用模具沿封闭线冲切板材，冲下的部分是废料
	剪切		用模具切断板材，切断线不封闭
	切口		在坯料上将板材部分切开，切口部分发生弯曲或分离
	切边		将拉深或成形后的半成品边缘部分的多余材料切掉
	剖切		将半成品切开成两个或几个工件

（续）

类型	工序		图例	工序特点
成形	弯曲			用模具使材料弯曲成一定形状
	卷圆			将板料端部卷圆
	扭曲			将平板坯料的一部分相对于另一部分扭转一个角度
	拉深			将板料压制成空心零件，壁厚基本不变
	翻边	孔的翻边		将板料或工件上有孔的边缘翻成竖立边缘
		外缘翻边		将工件的外缘翻起圆弧曲线状的竖立边缘
	缩口			将空心件的口部缩小
	扩口			将空心件的口部扩大，常用于筒形零件

（续）

类型	工序	图例	工序特点
成形	局部成形		在板料或工件上压出筋条、花纹或文字，在起伏处的整个厚度上都变薄
	卷边		将空心件的边缘卷成一定的形状
	胀形		使空心件(或管料)的一部分沿径向扩张，呈凸肚形
	整形		把形状不太准确的工件校正成形
	校平		将毛坯或工件不平的面或弯曲部位予以压平
	压印		改变工件厚度，在表面上压出文字或花纹

  上述冲压成形的分类方法比较直观，真实地反映出各类冲压成形过程及其工艺特点，便于制订各类零件的冲压工艺并进行冲模设计，在实际生产中得到广泛应用。

  在实际生产中，当生产批量较大时，如果仅以表中所列的基本工序组成冲压工艺过程，则生产率可能很低，不能满足生产需要。因此，一般采用组合工序，即把两个以上的基本工序组合成一道工序，构成复合、级进、复合-级进的组合工序。

本 章 小 结

1. 汽车车身的发展经历了马车形、箱形、甲壳虫形、船形、鱼形和楔形六个阶段。

2. 汽车车身覆盖件包括四门、发动机盖、行李箱盖、车顶盖、左右侧围、翼子板、地板、发动机舱、行李箱等总成。

3. 冲压工序可分为成形工序和分离工序两大类。分离工序包知落料、冲孔、切边等几种基本工序；成形工序包括变曲、拉深、整形等几种基本工序；复合工序是将几种基本工序组合在一起，可提高生产效率。

思考与练习

1. 汽车车身的发展经历了哪些车身类型的演变？

2. 汽车车身常用的成形工艺有哪些？各有何特点？

3. 汽车覆盖件冲压的特点有哪些？

4. 冲压的类型有哪些？

第2章

汽车冲压生产设备

学习目标 ▶

1. 认识覆盖件冲压生产方式及特点。
2. 认识汽车冲压生产线及相关设备。

2.1 汽车冲压车间

2.1.1 汽车冲压车间特点

在汽车制造业中，冲压车间属于投资最大的生产领域之一。由于其投资额高、所选定的生产技术使用期长，所以要求严谨、仔细地制订投资和生产规划。汽车冲压车间主要由模具和生产设备组成，其生产设备主要由开卷落料线、冲压线以及桥式起重机、叉车等生产辅助设备组成。汽车冲压车间可分为两大工序：分离工序和成形工序。其中分离工序在开卷落料线完成，在冲压线完成拉深、修边、翻边、冲孔、整形等成形工艺。冲压设备是冲压工艺及模具设备的一项重要内容，它直接关系到设备的安全和合理使用，也关系到生产线的生产效率、产品质量、模具使用寿命等一系列问题。汽车冲压车间的机械化和自动化程度是衡量汽车车身制造水平的重要标志之一。汽车冲压生产除了采用新工艺、新技术和先进的冲压设备外，还要提高冲压生产过程的机械化和自动化程度，才能有效地提高冲压设备的生产率，保证产品质量、降低成本，减轻劳动强度，改善劳动条件，做到安全文明生产。目前，根据生产规模，汽车冲压车间在进行工厂建设规划时，一般都采购一条开卷落料线和至少一条自动化冲压生产线以及试模压力机、桥式起重机、叉车以及模具转运车等设备，如图2-1所示，图中所示为一条落料线和两条自动化冲压线的车间平面布局。

2.1.2 汽车冲压设备概述

车身冲压的主要设备为压力机，压力机按照一定方式组合成为冲压生产线。由于压力机及其组合方式不同，车身冲压机械化、自动化和生产率也存在着较大的差别。车身设备冲压和生产线的发展经历了以下四个阶段。

1. 单台压力机多品种轮换生产

用单台压力机进行冲压生产，每完成一道工序就要更换一次模具，而且要存放大量的半

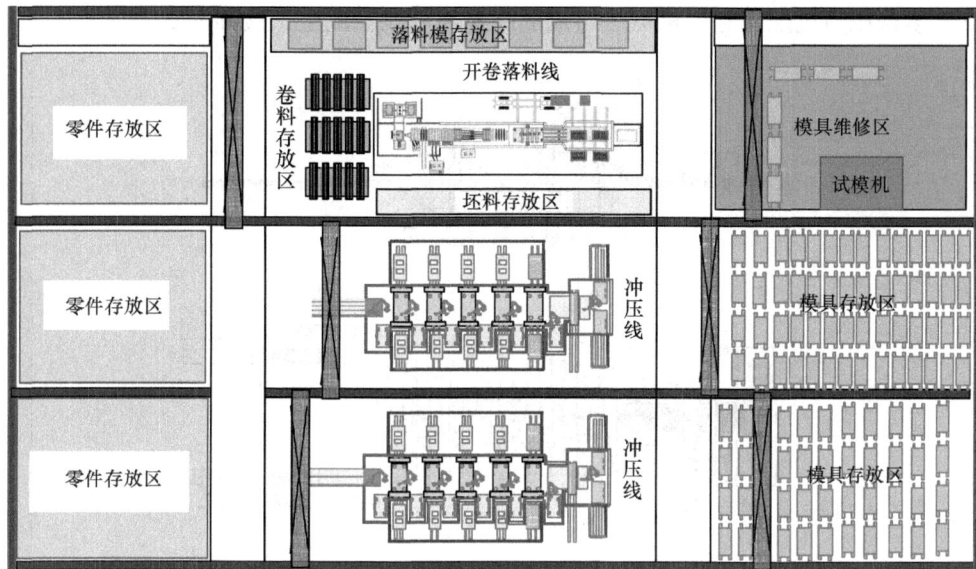

图 2-1 冲压车间布局示意

成品，其占地面积大，生产效率低，搬运的次数较多，冲压件质量差。但因单台压力机设备投资少，所以一些小型汽车配套厂一般采用这种方式进行冲压成形。

2. 多台压力机组成的冲压流水生产线

该种生产线有以下三种组合形式：

（1）半流水线生产线　将双动压力机拉深的半成品成批存放，然后送到多台单动压力机构成的流水线进行后续成形。

（2）流水生产线　双动压力机与多台单动压力机进行联机，通过固定胶带机传递各工序之间的半成品，而模具中的冲压半成品的取出和放入由人工操作完成。

（3）半机械化流水线作业　将多台压力机（双动和单动）之间通过胶带机连接起来，胶带的高度和长度可进行调节，用机械化取料装置从模具中将冲压半成品取出，仅需要人工进行上料。

3. 多台压力机组成的冲压自动生产线

这种冲压自动化生产线仍有多台压力机组成，但各台压力机之间都配有机械化上料与下料装置。目前，常见的冲压自动化生产线有以下几种形式：

（1）多台压力机配备通用搬运机器人组成的普通冲压生产线　此生产线如图 2-2 所示。

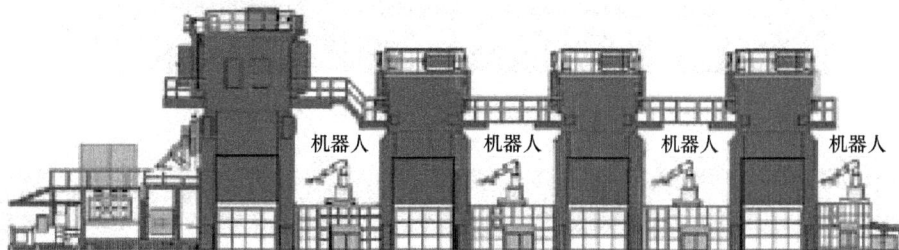

图 2-2 普通冲压生产线

（2）多台压力机配备专用机械手组成的高速冲压线　此生产线如图2-3所示。

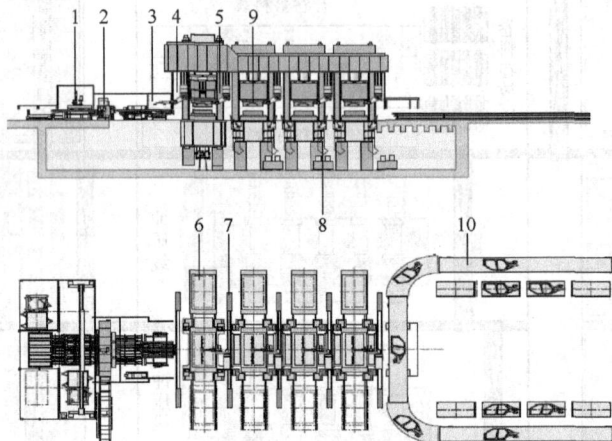

图2-3　高速冲压生产线

1—拆垛机　2—清洗机　3—对中台　4—上料机械手　5—搬运机械手
6—移动工作台　7—端拾器更换小车　8—废料槽
9—搬运机械手　10—纤维传送带

4. 大型单台多工位压力机自动生产线

在覆盖件冲压领域，大型多工位压力机是最先进、最高效的冲压设备，是高自动化、高柔性化的典型代表。它通常由拆垛机、大型压力机、三坐标工件传送系统和码垛工位组成，如图2-4所示。生产节拍可达 16 ~ 25 次/min，是手工送料流水线的4 ~ 5 倍，是普通冲压生产线的2 ~ 3 倍。它是当今世界汽车制造业首选的最先进的冲压设备，目前世界已能生产95000kN 压力的大型多工位压力机。

图2-4　多工位压力机

2.2　开卷落料线

开卷落料线是一种适用于汽车、钢板配送等行业表面覆盖件卷板的开卷、清洗、校平、落料和堆垛的板材加工设备，随着国内汽车工业的不断进步，采用自动化开卷落料线的厂家也越来越多，尤其是国内的汽车合资企业。开卷落料线按照功能可分为三个单元，主要包括开卷单元、压机单元和堆垛单元，其中各个单元又由不同的设备组合而成（如图 2-5 所示），下面将对这些单元进行一一介绍。

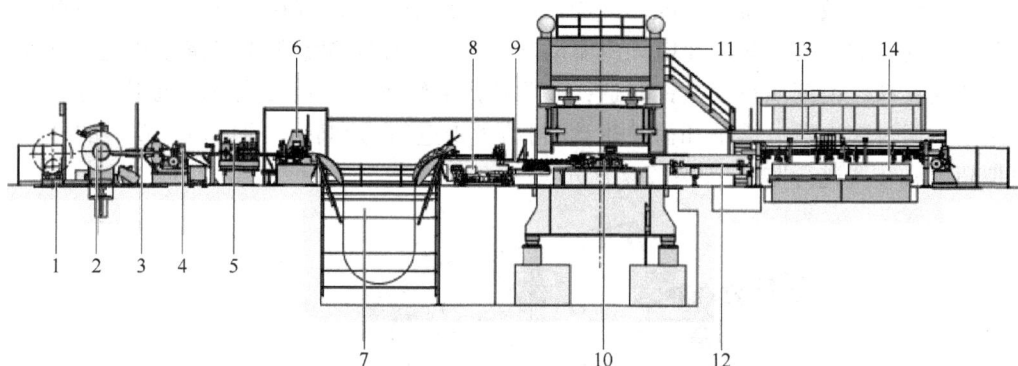

图 2-5　开卷落料线

1—卷料穿梭装置　2—开卷机　3—卷料穿料装置　4—剪头料机　5—卷料清洗机
6—校直机　7—活套缓冲坑　8—辊子送料设备　9—伸缩式辊子输送机　10—落料模
11—落料压力机　12—伸缩式输送机　13—堆垛机　14—堆垛小车

2.2.1　开卷单元

开卷单元的主要由卷料穿梭装置、开卷机、卷料穿带装置、剪头料机、卷料清洗机、校直机、活套缓冲坑、送料辊以及伸缩式辊子输送机组成。

1. 卷料穿梭装置

卷料穿梭装置可以同时装载两个卷料，为落料线的生产做卷料准备。其小车是由一台横向移动装置和配备导柱的液压升降缸组成。卷料穿梭装置上装有轨道，其四个轮子的运动方向和生产方向平行，通过液压驱动来进行移动（如图 2-6 所示）。液压升降缸位于地平面以

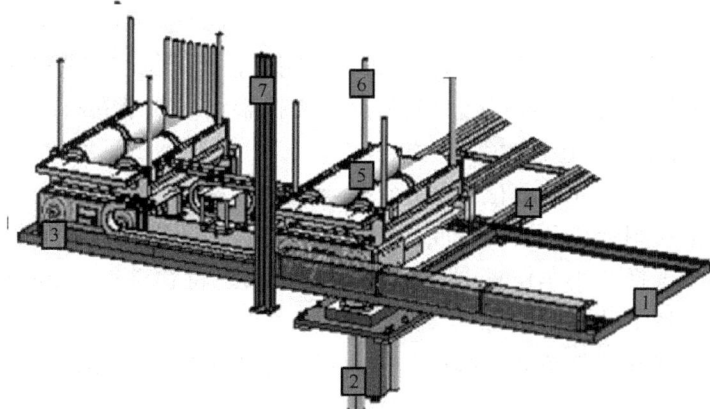

图 2-6　卷料穿梭装置

1—基座　2—卷料升降液压缸　3—小车移动液压缸　4—轨道
5—卷料存放支撑辊　6—卷料防倾斜限位杆　7—光学开关

下，当卷料放置到卷料支撑辊上后，液压升降缸将卷料提高到开卷器心轴高度。卷料升降高度的检测由一对光学开关控制。

2. 开卷机

开卷机用于将卷料从顶部或底部至支撑处进行开卷，主要由横移机座、开卷机心轴、交流变频电动机以及液压压紧辊组成。开卷机横移机架采用牢固焊接设计，通过配备绝对编码器和集成制动器的交流变频调速电动机驱动开卷机，从而实现卷料的升降或传送。开卷机心轴用于装载卷料，由高质量工具钢制造，并配备抗磨轴承。三相交流电动机用于穿带、回卷以及制动。通过变速器、链条和齿轮驱动/制动盘来进行力和转矩的传输。卷料的外径由一台模拟超声波装置进行监控（如图 2-7 所示）。

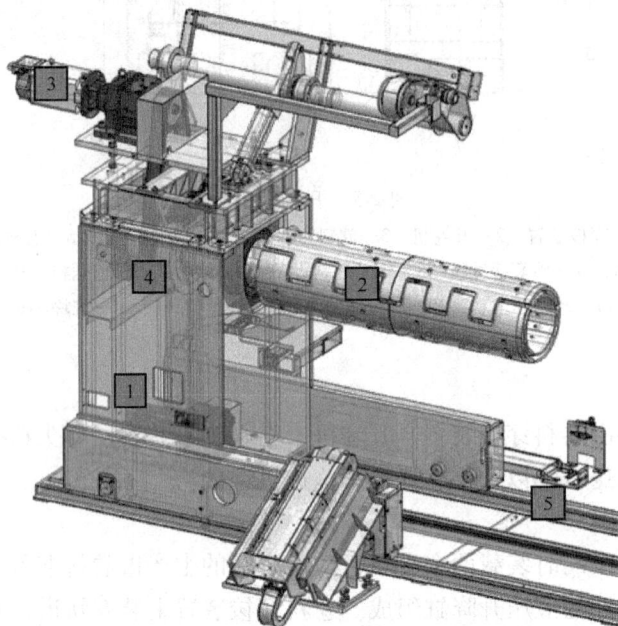

图 2-7 开卷机
1—横移机架 2—心轴 3—交流变频电动机及减速机 4—链传动 5—轨道

卷料的装载主要由卷料穿梭装置和开卷机共同完成，此工位的主要操作流程为：

① 桥式起重机操作员将卷料吊运至卷料存放支撑辊上，如果卷料的外径较小，需要使用卷料防倾斜限位杆来防止卷料倾斜。

② 在操作站上按下"光栅复位"按钮，确保整个装载区域的安全。

③ 在操作站上使用卷料存放支撑辊"旋转"将卷料的开口旋转至开卷位置。

④ 在操作站上选择"小车位置1"或"小车位置2"将卷料移动至心轴装载位置。

⑤ 在操作站上按下"安全门升"。

⑥ 在操作站上选择"卷料装载起动"按钮将开卷机由生产工作位置自动移动至卷料装载位置。

⑦ 在操作站上按下"液压升降缸升"将卷料自动提升至开卷机心轴装载高度。

⑧ 确认卷料提升至心轴装载高度后，在触摸屏上单击"确认"按钮，卷料进行自动装载。

⑨ 装载完毕后，开卷机自动移动至生产位置。

注意：在此过程中，请勿闯入光栅，否则会造成整线设备的停止！

3. 卷料穿带装置

卷料穿带装置用于将经过开卷的卷料由开卷机输送到落料压力机进行剪切分离作业。其主要由机架、剥皮机、清洁辊和脏辊组成。剥皮机用于将卷料引入至脏辊，脏辊再将卷料送至剪头料机前进行切头料，头料剪切完毕后，再由清洁辊将卷料输送至落料压力机（如图2-8所示）。

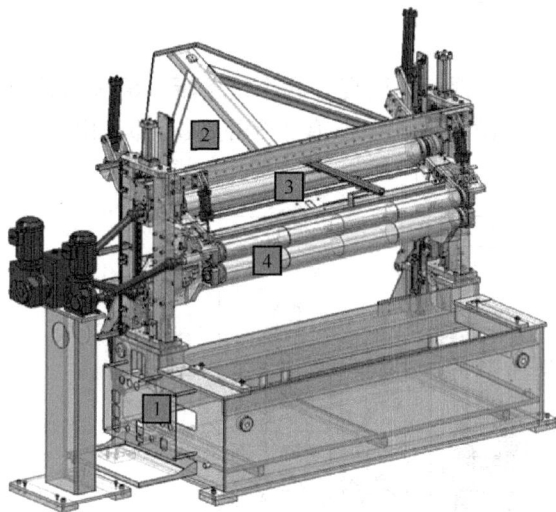

图 2-8　卷料穿带装置

1—机架　2—剥皮机　3—清洁辊　4—脏辊

4. 剪头料机

在钢卷运输过程中，其最外层往往都会出现变形或者脏污等情况，为了防止这些不良情况损坏设备，在进入落料线剪切之前都需要将卷料的最外一层切掉，而这一工序就是在剪头料机完成。剪头料机的结构为机械偏心式，由基座、剪切刀刃、交流电动机以及离合制动器等组成（如图2-9所示）。

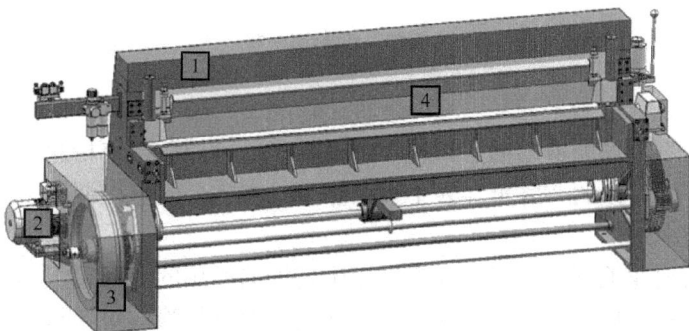

图 2-9　剪头料机

1—机架　2—交流电动机　3—离合制动器　4—剪切刀刃

剪头料的工序主要操作流程为：

① 卷料由剥皮机输送到脏辊后，在操作站上按下"脏辊关闭"按钮将卷料压紧。

② 在触摸屏废料台画面选择"废料台开启"按钮。

③ 在操作站上，选择"剪头料起动"按钮后自动剪切最外一层卷料。

④ 剪切完毕后，触摸屏上出现"是否还需要剪切"，此时如果卷料最外一层仍然有变形或者脏污，需要根据情况再进行剪切头料。

⑤ 剪切头料完毕后，在触摸屏废料台画面上选择"废料台关闭"按钮。

注意：废料需要及时清理。

5. 卷料清洗机

卷料清洗机由机架、夹送辊、毛刷辊、两个挤干辊、清洗油箱以及过滤系统组成。该设备主要用于清洗卷料上的防锈油。其中所有辊子的驱动都是由单独的交流变频电动机控制（如图 2-10 所示）。

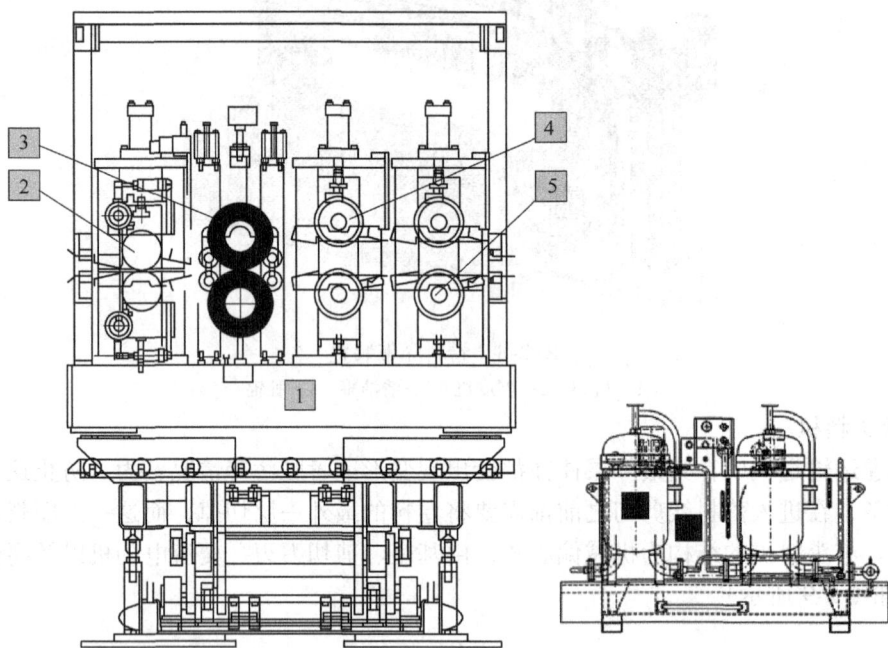

图 2-10　卷料清洗机

1—机架　2—夹送辊　3—毛刷辊　4—挤干辊Ⅰ

5—挤干辊Ⅱ

夹送辊是一对有聚氨酯覆层的入口辊。上部辊子通过液压系统抬起，从而将带料的导入边缘传入。夹送压力可以调节并可存入中央数据库，在需要时可以调用。两个进给辊通过一台变频交流电动机驱动。

毛刷辊由一对尼龙毛刷辊组成。该毛刷辊配备清洁所用的上部辊气动抬起装置。当卷料由进给辊夹送至毛刷辊后，毛刷辊的前面和后面的喷嘴开始喷油对卷料表面进行清洗，其中喷油量可以调节并可存入中央数据库，在需要时进行调用。两个毛刷辊通过一台变频交流电动机驱动。

两对挤干辊主要是将卷料表面的清洗油挤干，其中挤干辊Ⅰ是由一对具有聚氨酯涂层的辊子组成。上部辊子可通过液压驱动抬起，以便穿入带料的导向边缘。夹送压力可调，并可存入中央数据库以供需要时调用。两个挤压辊通过一台变频交流电动机来驱动。挤干辊Ⅱ是由一对具有羊毛涂层的辊子组成。上部辊子可通过液压驱动抬起，以便穿入带料的导向边缘。夹送压力可调，并可存入中央数据库以供需要时调用。两个挤压辊通过一台变频交流电动机来驱动。

过滤系统由清洗油箱、水泵和过滤器组成。其目的是将清洗带料后的清洗油进行过滤，以便滤除杂质。

6. 校直机

校直机是由机架、夹送辊、上部校平挡块以及驱动组成（图 2-11）。该设备主要是将弯曲的卷料重新校直，然后再进入落料压力机进行剪切。

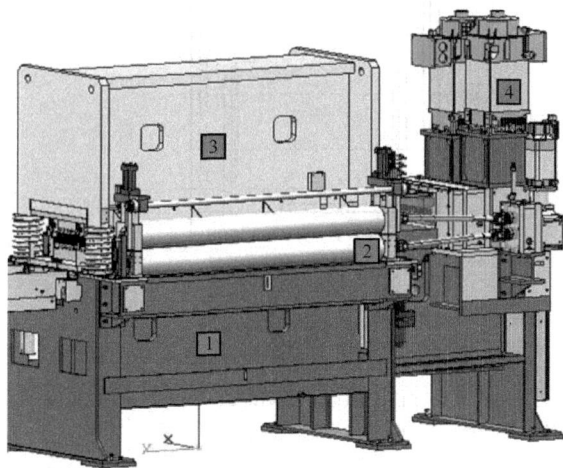

图 2-11　校直机

1—机架　2—夹送辊　3—上部校平挡块　4—驱动

夹送辊安装在校直机的入口侧，结构为拱形且镀铬，其作用是避免带料边缘压力并确保带料在传送中不受损伤。上部夹送辊的升降为液压驱动，通过压力控制阀可以调节夹送压力。特别是对于窄带料，转向齿条和小齿轮的联合作用能够确保上部辊子的平行和同步抬起。当夹送辊将卷料输送至校直机后，校直机开始将卷料进行校平。在实际生产过程中，通过精确确定的反向弯曲的原始曲率正好与原始半径相符是不能实现的，所以人们更多地使用辊子校平的方法，它通过对材料正反向的多次弯曲，并且逐渐增加曲率半径使材料变形逐渐消失（图 2-12）。

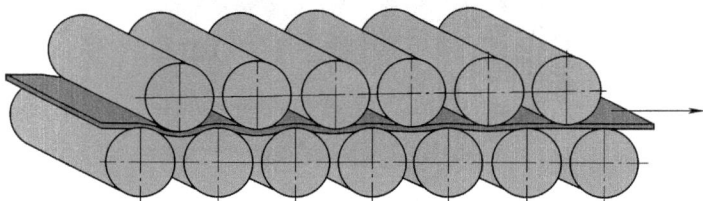

图 2-12　夹送辊

7. 活套缓冲坑

活套缓冲坑包括悬链辊，活套桥和光栅设备（图 2-13）。其安装在连续运行的矫平机和间歇运行的辊子送料装置之间。活套控制能够确保为落料线中的压力机提供充足的间歇性带料进料。活套深度的选择需要适合于带料的厚度和屈服强度范围，以防止固定塑料材料发生任何更多的变形。

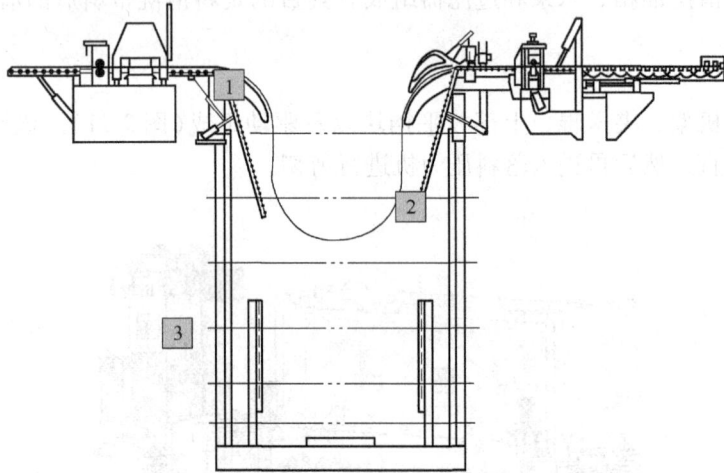

图 2-13 活套缓冲坑
1—悬链辊 2—活套桥 3—光栅设备

通过活套坑中的六个光栅，活套控制能够很好地对连续运行的矫平速度进行调节。一旦循环停止，矫平机将会降至慢进给速度，直至到达最大活套深度。活套收紧时，后续机器将会停止。

8. 辊子送料设备

辊子送料设备由机架、送料辊、配备带料侧面导向的导向辊辊道、测量轮和伺服驱动单元组成（图 2-14）。进料过程中，辊子进料设备以一定角度将活套坑输送过来的卷料再输送到压力机中。

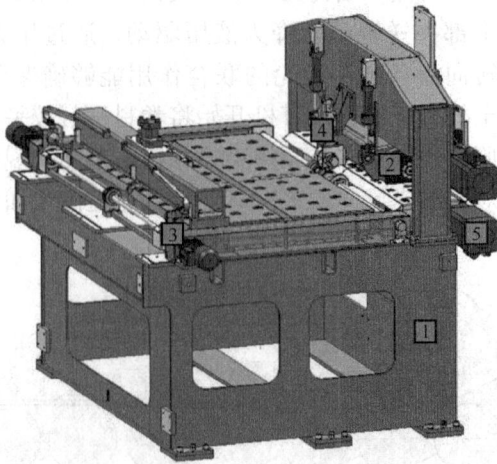

图 2-14 辊子送料设备
1—机架 2—送料辊 3—侧导向 4—测量轮 5—伺服驱动单元

　　由于不同的零件有着不同的长度和宽度，所以在将卷料输送至落料压力机剪切之前，进料辊和测量轮会对进料长度进行测量。当测量轮和送料辊测量的数据偏差较大时，系统将会出错停止。为实现同步和精确定位，每个送料辊都由交流伺服电动机驱动。进料凸轮角度，进料间距，速度和加速度都可以存入到中央数据库中，并在需要时调用。侧导向用于在卷料输送到进料设备之前对其进行横向引导，从而保证卷料的中心和工作台模具的中心在同一条轴线上。

　　在卷料进入落料压力机之前的穿带工位由清洗机、矫直机、活套及辊子送料设备完成，此工位的操作流程为：

　　① 在操作站上按下"卷料穿带起动"按钮来起动卷料穿带进程。

　　② 卷料经过校直机后，操作屏上出现提示"卷料是否校平"，如果观察卷料已经校平，单击"是"，如果发现卷料弯曲或者变形，单击"否"后进行调整后再进行穿带。

　　③ 当光电传感器在送料辊前检测到卷料时，上部送料辊自动压紧卷料，此时形成活套，卷料穿带完成。

　　注意：如果在此过程中出现穿带跑偏或者卷料变形，请立即停止卷料穿带进程。

2.2.2　落料压力机

　　当卷料输送至落料压力机后，落料压力机开始剪切出一定规则形状的坯料，这些坯料是冲压线成形工艺的原材料(如图 2-15 所示)。

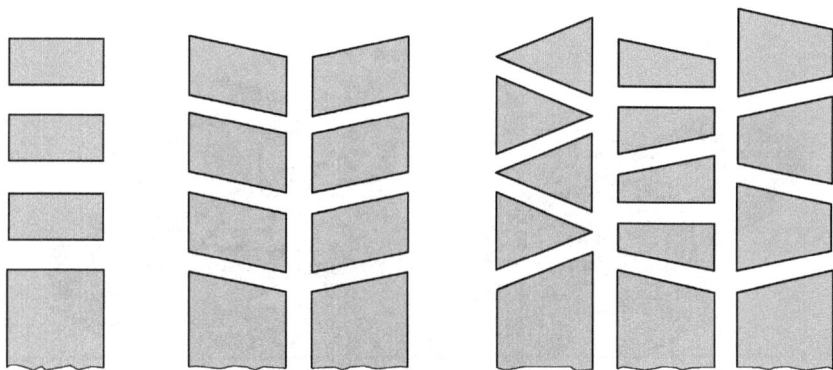

图 2-15　坯料

　　落料线压力机与普通压力机结构相似，都是由上横梁、滑块、立柱、移动工作台、底座以及落料模组成(图 2-16)，详细结构和功能原理将在后面的章节中一一介绍。

　　由于落料线整线生产时为自动化生产，所以带开卷单元、压力机单元以及堆垛单元自动化准备完毕后，在压力机操作站上按下"自动化起动"按钮，整条生产线将进入自动化生产模式。当进行批次检查等停机操作时，在压力机操作站上按下"自动化循环停止"按钮即可。当前零件生产结束后，在压力机操作站上选择"模具自动更换"按钮，从而将模具进行自动更换，节约了生产等待时间，从而提高了生产率。

　　为了进一步提高生产效率和减少模具的存放空间，很多汽车厂在开卷落料线都采用摆剪模(如图 2-17 所示)，摆剪模刀具的最大摆动角度为 ±30°，由伺服电动机进行驱动。

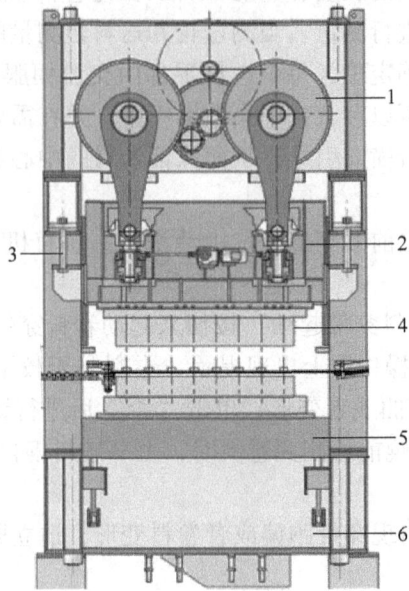

图 2-16 落料压力机

1—横梁　2—滑块　3—立柱　4—滑块　5—移动工作台　6—底座

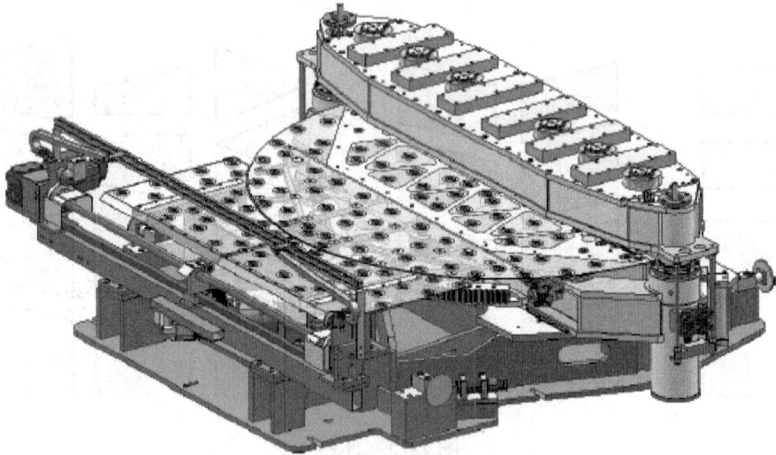

图 2-17　摆剪模

2.2.3　堆垛单元

堆垛单元由伸缩式输送机、堆垛机等组成。

1. 伸缩式输送机

伸缩式输送机的作用是将落料压力机剪切的板料输送至堆垛机。伸缩式输送机由四条传送带组成，每条传送带可根据落料模具和剪切出来坯料的形状进行单独横向调节以及纵向伸缩，并且在高度上也可以进行整体调节来适应不同高度的模具（如图 2-18所示）。

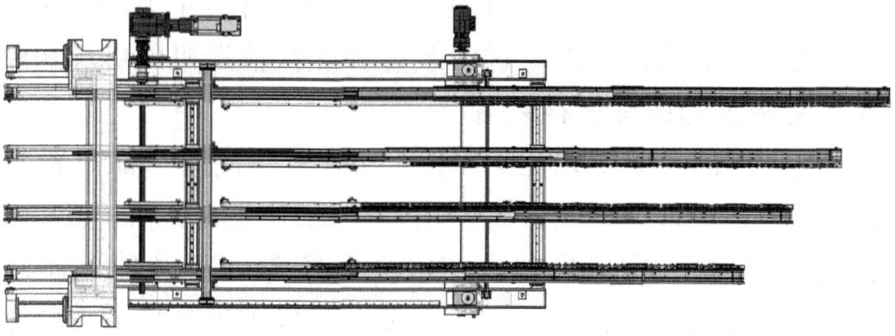

图 2-18 伸缩式输送机

2. 堆垛机

堆垛机主要由磁性输送机、堆垛小车以及液压升降台组成（如图 2-19 所示）。其中磁性输送机可以根据零件的形状进行横向调节。它的材料为永久磁铁，当板料经过堆垛区域时，此区域的磁铁会自动失磁，从而使坯料可以精确地落到堆垛托盘上，堆垛托盘放在堆垛小车上。随着板料的不断堆积，液压升降台根据板料堆积的高度进行自动下降，其高度由一对光栅控制。为了保证持续生产，每个堆垛机都配置两个堆垛小车。

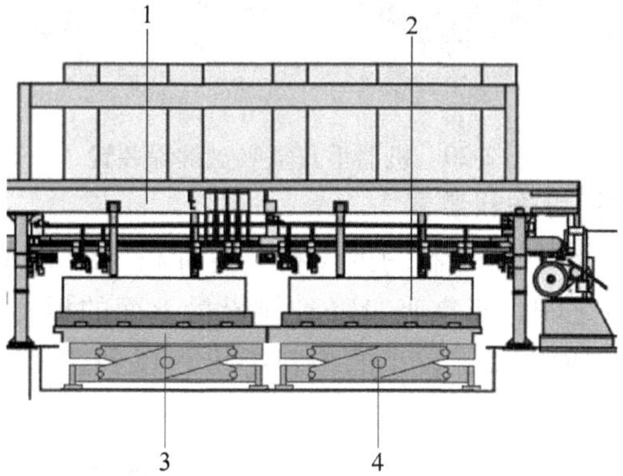

图 2-19 堆垛机

1—磁性输送机 2—堆垛托盘 3—堆垛小车 4—液压升降台

整条落料线的基本操作步骤及流程为：卷料上料—开卷—清洗—校直—送料—剪切—落料—堆垛。整条线生产模式为全自动化生产，自动化程度非常高，整线操作仅需要三个操作员。开卷落料线为冲压线提供原材料，是冲压成形的前工序。

2.3 冲压自动化生产线

目前，国内各大汽车厂的车身覆盖件的批量生产均采用冲压自动化生产线或者大型多工位压力机。前者基本都是由单台压力机串联成一条生产线，压力机之间零件的搬运采用机器人完成。这种通过机器人组成的自动化冲压线，在世界范围内得到了广泛的应用。在自动化生产线中，还包括自动化板料拆垛装置。

2.3.1 板料拆垛装置

板料在进入压力机之前，先需要将板料进行拆垛，使其形成单个板料，然后随着整条线的工作节拍把板料送入压力机进行冲压。目前，汽车冲压自动化生产线主要有两种形式将板料进行拆垛：采用机械手真空吸盘的拆垛送料装置和磁性输送机的拆垛送料装置。

1. 采用机械手真空吸盘的拆垛送料装置

如果冲压自动化生产线的最大节拍为 10 件/min 或者更高时，而且板料形状合适的情况下，可采用机械手拆垛送料装置。此装置主要由一个通用机械手和一套通用端拾器组成（如图 2-20 所示），通过合理布置通用端拾器真空吸盘的位置来实现对所有类型的板料进行拆垛。通用端拾器的吸盘通过阀岛控制，在操作面板上可以根据零件的形状来选择使用吸盘。

图 2-20　机器手真空吸盘拆垛装置

2. 采用磁性传送带的拆垛送料装置

这种装置有一个或者两个气缸控制的拆垛桥，拆垛桥上装有真空吸盘和磁铁（如图 2-21 所示）。在两条磁性输送带之间，真空吸盘降到料垛最上面的板料上，吸起板料并将板料传送到磁性传送带上。应用这种方式，较小的板料拆垛可以到达 25 件/min，较大的板料拆垛可以达到 15 件/min。

图 2-21　大型多工位压力机的拆垛送料装置

为了使压力机在换料垛时能够连续工作，需要采用双料垛。双料垛上料系统在一个料垛拆完后，拆垛装置会自动转到其他已经放好的新料垛上。

3. 清洗

为了达到最好的工件质量，需要在工件成形之前对板料进行清洗，尤其是可见的汽车车身外部覆盖件（车门、翼子板、顶篷等）。清洗过程采用清洗液或者清洗油。安装在清洗机前面的传送带将板料输送到清洗机里面。冲压线清洗机的内部结构与开卷落料线结构相似，都是由一对夹送辊、一对毛刷辊以及一对挤干辊组成(如图 2-22 所示)。

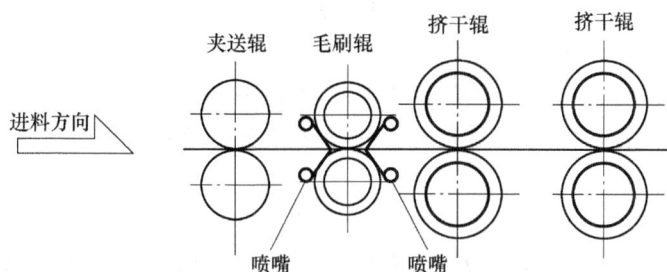

图 2-22　清洗机内部结构

4. 对中定位

板料在被自动送进模具之前，要按照所要求的板料位置对其进行对中定位。料垛上及输送过程中板料位置不准确时，通过挡块和边侧推块得到修正。为了在板料尺寸和形状选择上有更大的灵活性，可以对所有定位装置进行编程，并且电动调节，这样可以缩短调装时间。另外，还有一种机器人对板料对中定位形式，当板料经过此区域时，对中照相机对其进行拍照并将其位置传递到计算机中，然后计算机将数据反馈给机器人，机器人再对其进行精确定位(如图 2-23 所示)。

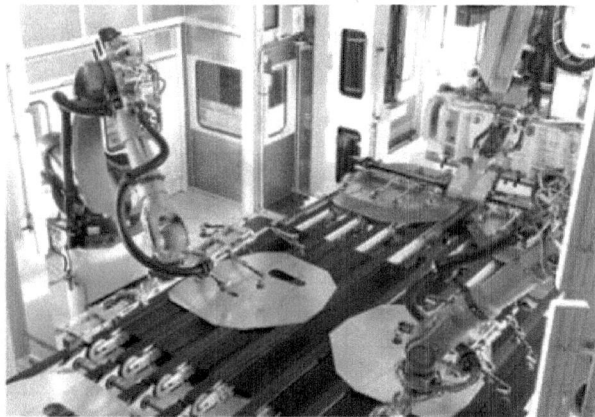

图 2-23　机器人对中定位

2.3.2　压力机

在汽车冲压生产中，压力机的作用是将一个或者多个力和运动施加到模具上，从而对工件进行成形或冲裁。所以压力机的设计者要对工件所采用的生产工艺准确了解，并具有丰富经验。

压力机按照种类可以分为机械式压力机、液压压力机以及伺服压力机。目前汽车冲压车间往往采用机械压力机。

1. 公称参数推算

首先，我们以机械压力机为例，引出力、功以及距离三者之间的关系。

如果起重机的吊钩上挂有一个 75kg 重的物体，就有 750N 的力施加在吊绳上(力 F = 质

量 M×重力加速度 g）。在这个物体没有被拉上去之前，就没有对它做功，因为功 $W(Nm)$ 是力 $F(N)$ 和距离 $h(m)$ 两者的共同产物

$$W = Fh$$

这个物体被提升 1m，对它所做的功为

$$W = 750 \times 1 = 750 N \cdot m$$

如果这个物体又落下了 1m，对它所有的功又可以被释放出来，这其中所产生的力的大小取决于作用距离

$$F = W/h$$

在物体上升 1m 的过程中，750N 的力均匀地作用在物体上，如果物体在下落过程中，功被均匀释放出来，那么产生的力也是同样的。与此不同的是，如果物体首先自由下落，在最后 0.5m 的距离内，所有的功都被均匀地释放出来，所产生的力则为

$$F = 750/0.5 = 1500 N$$

在这种情况下，全部的能量只在全部距离的一半中得到释放，力的大小提高了一倍。如果全部能量只在全部距离的 1/10（即 0.1m）中得到释放，力的大小则提高到原来的 10 倍，即：

$$F = 750/0.1 = 7500 N$$

如图 2-24 所示，图中绘出了这三种情况下力和距离的坐标点，其中三个矩形的面积就是力 F 与距离 h 的乘积，即功 W。如果把矩形的角连起来，画出一条弧线，就可以直接读出不同的距离对应的力，前提条件是现有的功 750N·m 在这段距离内得到了均匀的释放，例如，成形距离时 0.2m，读出的功就是 3750N。

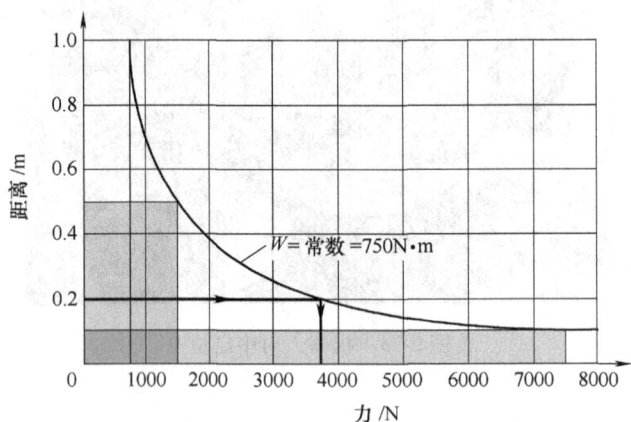

图 2-24 力、功与距离三者关系

总结起来可以得出一个普遍使用的结论：

① 力和功可以通过第三者——距离，彼此取得联系。

② 如果一个力作用在物体上一段距离，就得到了功，即在力—距离曲线中所对应的弧线下面矩形的面积。

③ 如果一定量的功得到释放，释放的距离决定生成力的大小。

这些通过吊着的物体所总结出来的规律普遍适用于一般的压力机制造。锻锤应用的也是同样的原理。锻锤有一定的重量，被提高到一定距离，就形成了一定的做功能力。在接触模

具的时候，锻锤把储存在内部的功释放出来，所产生力的大小取决于成形距离。如果成形距离很短的话，就会产生很大的力，有可能损坏模具和压力机。另一方面，如果成形距离过大的话，做功能力有可能不够，必须多次锤击才能完成工作过程。

这些锻锤原理也同样适用于机械压力机。只是用来存储功的不是一个被提高的物体，而是飞轮上的选择质量。另外一点不同的是，锻锤所存储的能量在敲击过程中全部被释放出来，而压力机飞轮所存储的能量只释放一部分，以使电动机不至于超载。在连续生产的情况下，允许转速最多下降到 15%~20%，这个要求与所产生的冲压力和压力机负荷无关。

我们通过一个例子来进一步解释这些关系（如图 2-25 所示）。假设，一台压力机的特征值如下：

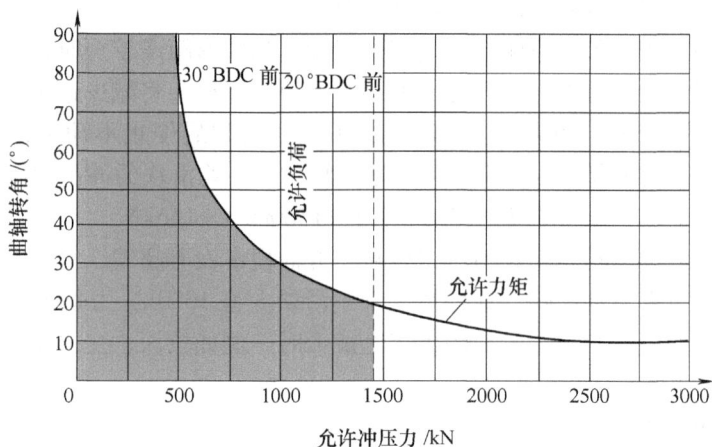

图 2-25　偏心轮压力机的允许冲压力与曲柄转角之间的关系

公称力 $F = 1000\text{kN} = 1000000\text{N}$，出现在下止点前 30°；连续工作时的做功能力 $W_n = 5600\text{N} \cdot \text{m}$；连续冲程次数 $n = 55$ 次/min

假设连续工作中转速下降 20%，那么飞轮所存储的全部能量只有 36% 是可以利用的，按照上面的例子，可以计算出飞轮所存储的全部做功能力为

$$W = W_n/0.36 = 5600/0.36 \approx 15600\text{N} \cdot \text{m}$$

机械压力机中所讲的公称力 F 是进行强度设计的基础，包括压力机机身和受力的不固定件的强度计算，如主轴、连杆和滑块。公称力 F 同时也是最大的允许冲压力。

这个最大力允许值可以通过许用应力以及弹性特征值来确定。大多数情况下，由于要求机身强度尽可能大，所以其负荷被控制在较低的范围内。具体指出下止点前 30° 表明，在 30° 和下死点之间，运动的传力组件，如曲轴和离合器，也要根据由最大允许力引出的转矩来设计。在下止点前 90° 和 30° 之间，为了避免传力组件过载，至允许出现较小的力。图 2-25 的特征曲线表明，在下止点前 30° 和下死点之间，压力机可以承受的公称力为 1000kN，而在下死点前 90°，只允许 $F/2 = 2500\text{kN}$。

在具有上述特征值的压力机上进行一个冲压过程。在此过程中，如果冲压力 $F = 1000\text{N}$ 在冲压行程 $h = 5.6\text{mm}$ 内保持不变，所做的功为：

$$W = F \times h = 1000000 \times 0.0056 = 5600\text{N} \cdot \text{m}$$

此种情况下，压力机在力及做功两方面都达到了饱和。如果同样的力只作用在

$h = 3\text{mm} = 0.003\text{m}$ 的距离上，所做的功为：

$$W = 1000000 \times 0.003 = 3000\text{N} \cdot \text{m}$$

在这种情况下，压力机在力方面达到了饱和，但所存储的可利用的能量并没有全部得到利用。更为不合理的一种情况是，如果飞轮内可利用的功 $5600\text{N} \cdot \text{m}$ 在 $h = 3\text{mm}$ 的距离上全部释放，滑块所获得的冲压力则为：

$$F = W/h = 5600/0.003 \approx 1867000\text{N} = 1867\text{kN}$$

因为最大的允许力为 1000kN，所以在这种情况下压力机严重过载，尽管转速下降处于正常范围内，看不出有过载迹象，但仍有损坏传力组件的危险。这种过载现象经常发生在成形力较大而成形距离较小的时候，例如冲裁或者精压。这类过载如果不被觉察是很危险的，所以压力机要装过载保护装置，以防止此种情况发生。

另外还有一种过载现象是飞轮释放过多的能量。当成形距离较短时，这种过载就会导致过大的冲击力。如果能量可以在较大的成形距离上得到释放，将减少这种过载的危险性。假设上述压力机在进行了成形距离为 $h = 100\text{mm}$ 的冲压过程后停止不动了，就是说所有的功 $W = 15600\text{N} \cdot \text{m}$ 都得到了释放，如果作用力基本均匀，平均滑块的冲击力则为：

$$F = W/h = 15600/0.1 = 156000\text{N} = 156\text{kN}$$

这就意味着，尽管飞轮静止，但压力机在力方面根本没有超载，最终只是由于转速下降过多而对驱动电动机有不利影响。这种情况下，滑块允许 1000kN 力是足够的，但是必须采用做功能力大的压力机。在一个较长的距离上成形时，例如拉深，变薄拉深和挤压，这种过载情况经常出现。

2. 机械压力机结构

机械压力机主要组成部分为：上横梁、立柱、滑块、工作台以及底座（如图 2-26 所示）。

（1）上横梁　上横梁是压力机的驱动源，其主要组成有电动机、飞轮、齿轮箱、离合器和制动器等，下面我们就对这些结构进行一一介绍。

① 驱动电动机和飞轮。大型压力机大多数采用变频交流电动机，尤其在要求高度保险的情况下。由力、工作行程和速度确定的压力机工作能力以及损失的能量都是由电动机提供的。作为能量存储器的飞轮吸收周期性出现的负载冲击。电动机可以在每个工作循环中承受高至 20% 的转速下降，并在下一次行程开始之前，通过给飞轮加速而补充消耗掉的能量。

压力机在处于调整状态时，应在行程次数降低了的情况下，例如每分钟 5 次，也能保证提供有用能量。这时，转速下降 50% 是允许的。在压力机的设计中，考虑能量平衡时，一个重要指标就是起动时间要短。

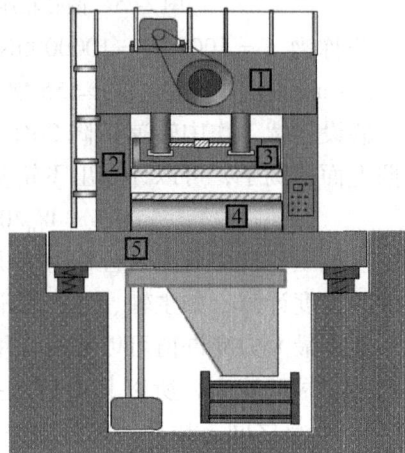

图 2-26　机械压力机结构

1—上横梁　2—立柱　3—滑块

4—工作台　5—底座

对于能量和相对 20% 允许飞轮转速下降的要求使得飞轮设计必须主要以压力机在能量方面不利的工作状态，即冲程次数较低的工作范围为依据。当然飞轮的转速越高越好，但是这一要求要受到离合器、制动装置和飞轮允许转速的限制。

在三轴式多工位压力机上，飞轮的直径高达 2500mm，重为 25t。这一类飞轮对所使用的滚动轴承及其润滑工作要求很高，不仅润滑量大，而且要一直对温度进行监控。主电动机通过带传动驱动飞轮。在关掉主传动的时候，通过电动机的反接制动和附加的气动飞轮制动，使飞轮在 30s 内就能达到静止状态。

② 离合器和制动器。机械压力机的一个特征是，离合器把电动机和飞轮上的力矩传递到传动轴上，离合器松开后，制动器对滑块上的模具和传动装置进行制动。尤其对于单行程状态，每个行程后，压力机内移动和旋转的重量都要在 200～300ms 短时间内达到静止状态，离合器合上的时候，这些重量又要从零加速到工作速度。处于安全考虑，制动力是由机械弹簧力产生的。离合器力矩由公称力和所要求的下止点前 13～25mm 的工作行程计算出来。

很多年来，自身旋转重量较小的单片离合器得到了成功的应用（如图 2-27 所示）。配有安全门和阻尼系统的气动控制系统价格便宜，基本上满足所有的技术要求，可以达到较短的开关和制动时间。但气动离合器一直存在一个问题，即单行程压力机开关频率受到限制，而且离合器和制动器的磨损也给环境造成了污染，所以目前压力机制造越来越多地采用性能更好的湿式离合制动器（如图 2-28 所示），这种离合制动器工作介质使用液压油，并且配备冷却系统，单位时间内的离合制动次数得到了提高，而且不会产生磨损，更加便于维护。

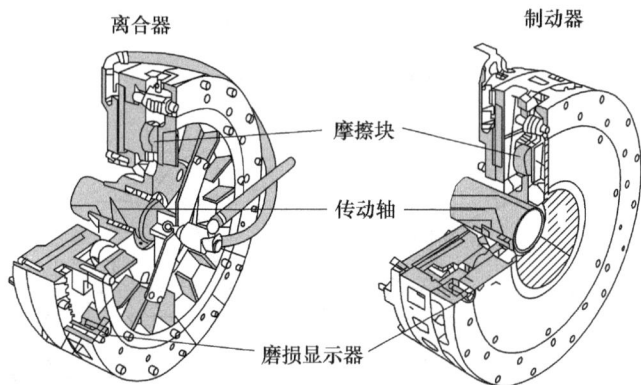

图 2-27　干式分体式离合器和制动器

③ 传动装置。压力机滑块的往复运动是通过上横梁齿轮箱的传动来实现的，其传动形式主要有偏心传动（如图 2-30 所示）和多连杆传动（如图 2-29 所示）两种形式。在多台压力机

图 2-28　一体式湿式离合制动器

图 2-29　多连杆传动结构

组成的串联式冲压线上，其中第一台压力机为多连杆结构，这是由于第一工序为冲压拉延工序，多连杆能够提供出更优良的运动曲线。其他压力机通常会选择偏心结构。如图 2-31 所示为传动装置力传递示意图。

图 2-30　偏心传动结构

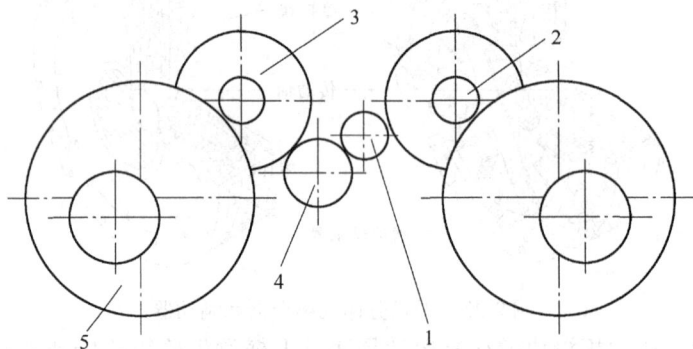

机械压力机力走向
电动机 →驱动轮 →传送带 →离合器 →传动轴→ 齿轮组

图 2-31　传动装置传动示意图
1—传动轴　2—套筒传动　3—中间轴齿轮　4—中间齿轮　5—偏心轮

（2）滑块

通过相应的速度和力的变化，传动系统的旋转运动由连杆传到滑块上，滑块进行上下往复运动。滑块（如图 2-32 所示）是压力机上最重要的功能单元，尤其是在大型压力机上。

单台压力机主要应用螺杆承受压力，其滑块调整量可达到 600mm，以使模具空间适应不同的模具高度（如图 2-33 所示）。对于多工位压力机来说，150mm 的滑块调整量已经足够了，所以更适合采用闭合高度较低的杯式螺杆传递压力，采用制动电动机和蜗杆传动机构，调节速度可以达到 60mm/min。

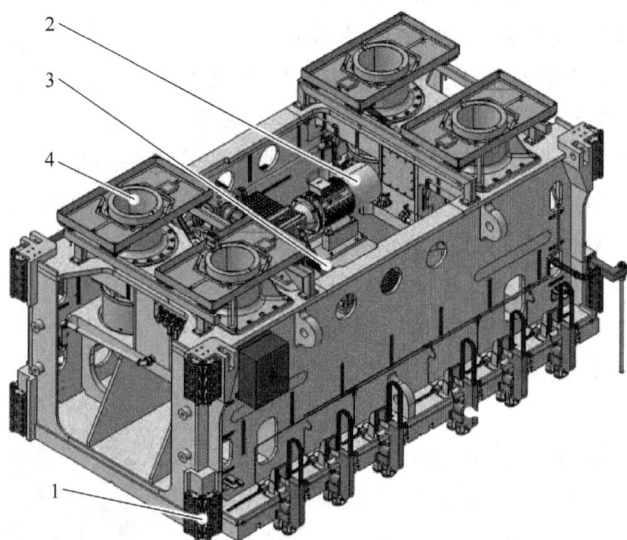

图 2-32　滑块

1—导轨　2—滑块调整电动机　3—滑块调整编码器　4—压力点

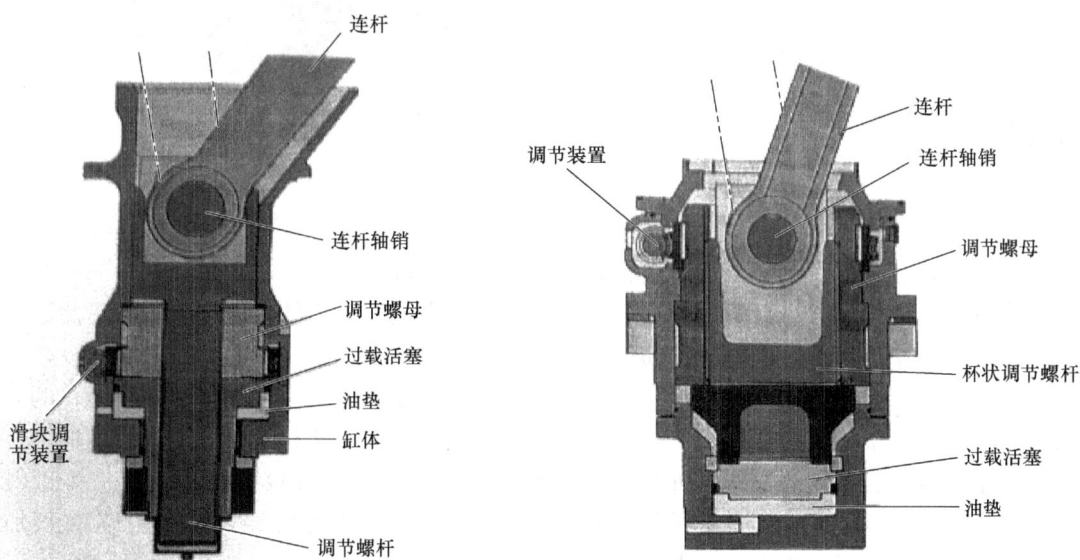

图 2-33　滑块调整装置

① 过载保护装置。过载保护装置是指压力机的公称力通过滑块的液压过载保护装置得到了限制和保护，超过公称力的时候，一个与加压点组合在一起的液压垫会在短时间内卸载，以取得一段超载距离。

② 上模夹紧器。上模夹紧器主要用于将模具上模进行夹紧，其夹紧原理基本上是电气和液压控制。有些还和弹簧力、丝杠等机械控制机构组合在一起，最基本的一点就是必须始终保证安全可靠。

机械压力机采用气动的主要地方是离合器、制动器、飞轮制动器、重量平衡装置等。在多工位压力机上还要加上输送凸轮的进气装置和横杆传送装置。空气需求量较大的时候，就有必要使用带有安全监测系统和抽水系统的压缩空气罐。压缩空气的压力一般最大为0.6MPa，高压力网和压力最高至1.6MPa的空气压缩机也正逐渐成为趋势。

空气压缩设备的设计和制造都有一定的标准和规则，在安装中主要使用的是"1"到"6"的镀锌气体管道。较小的管道采用了钢管和卡套式管接头或扩口管接头。

相比较来说，液压在机械压力机上应用得较少，一般应用在液压过载保护装置，液压拉深垫、移动工作台的提升以及液压模具的加紧装置，所需工作油液由一个统一的液压中心站提供。目前，很多机械压力机开始逐步采用湿式离合器，其介质为液压油。除此之外，各种夹紧和锁紧装置也采用了液压系统。

机械压力机上，给各润滑点提供润滑液的润滑装置是很复杂的。在应用了分配模块后，整个润滑装置得到了分解，结构简化了很多(如图2-34所示)，主要按并联方式连在一起的渐进式分配器。通过数量调节器、数量限控、数量分配器和其他相似的器件来进行润滑液数量的分配。在每一个分配模块上都需要对润滑液的流量进行监控。为了得到良好的工作状态，控制系统在一个较小的范围内通过加热和冷却对润滑液的温度进行调节。

图2-34　阀块

2.3.3　自动化搬运设备

冲压自动化的工作过程从拆垛送料装置对板料进行拆垛开始，然后是清洗、润滑并把板料送到首台压力机里面进行拉深。在第一步拉深成形完成后，工件被送到后工序里面进行冲裁、弯边或者整形等加工。冲压自动化的末端是成品件堆垛装置。

现代化的冲压自动化线上，单个压力机之间的工件输送以及板料上料都是自动化的。是否采用成品自动堆垛装置取决于不同工件的堆垛条件、工件形状和工件大小是否相似。自动上下料系统有各自不同的形式，如摇臂式机械手送料装置、微机数控(CNC)机械手送料装置或者机器人。哪一种机械手送料装置最适合哪一种冲压自动化生产线，取决于在此线加工的工件种类、压力机行程次数和占地面积。

摇臂式机械手送料装置由电动机通过凸轮传动系统和连杆进行驱动(如图2-35所示)。首台压力机模具中的顶料器把工件顶出模具，压力机后面的送料机械手借助吸盘，把工件从压力机里面取出来，放在过渡工位托架上。如果需要，可以在过渡工位托架上进行翻转，然后通过下一台压力机的机械手送料装置送到下一个模具工位里面。摇臂式机械手装置的运动曲线是固定的，适用于单台压力机之间间距较小、中等尺寸的工件及工件种类相同的场合。此类机械手送料装置的送料能力可以达到10~12件/min。

CNC机械手送料装置是电子控制的，有两个可以自由编程的轴，适用于不同种类的冲压件。传动部分通过两根蜗杆或者齿带驱动的行走小车实现(如图2-36所示)。这种机械手送料装置可以把工件从模具里面取出，不需要提升装置。

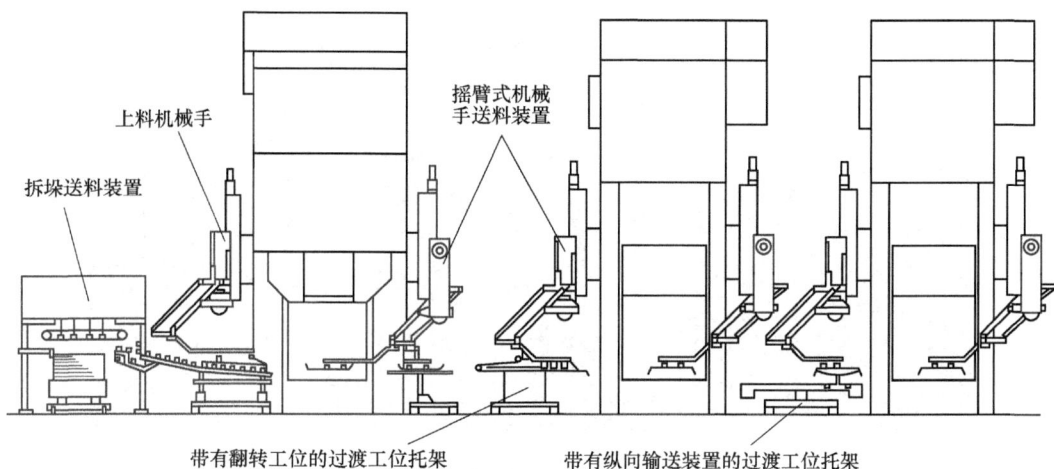

图 2-35　摇臂式机械手自动化生产线

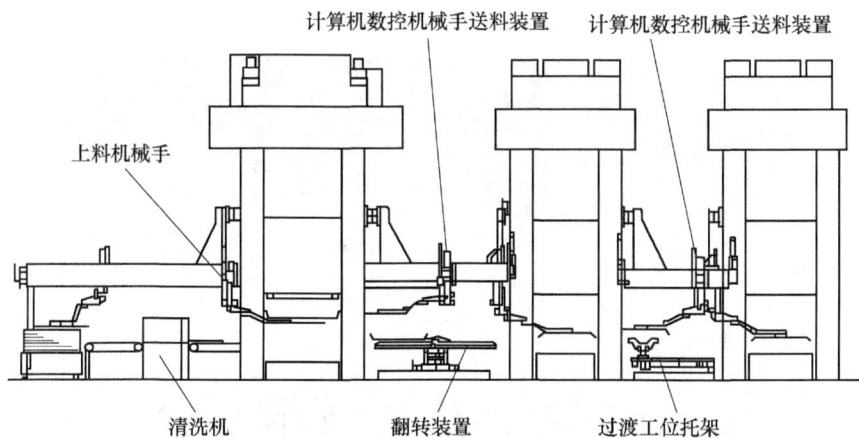

图 2-36　CNC 机械手自动化生产线

采用 CNC 机械手送料装置的自动化冲压线，其产量可以达到每分钟加工 8 ～ 10 件大型板件。

无论是 CNC 还是摇臂式送料手送料装置都需要过渡工位托架。过渡工位托架有三到五个可编程轴，以进行纵轴方向的工件传送、横轴方向和高度的调节以及另外的翻边运动。

采用机器人进行压力机连线的优点在于，工件在单台压力机之间不需要过渡存放（如图 2-37 所示）。机器人的端拾器将工件从一台压力机的模具里面取出来，然后直接放到下一台压力机的模具里面去。所以每一台压力机只需要一个机器人而省掉了过渡工位托架。采用机器人的缺点是，重工件由于离心力较大而且传送距离较长而不能快速输送，所以生产线的产量很多一部分取决于工件的大小，目前的水平是 6 ～ 8 件/min。

为了进一步提高自动化生产线的效率，德国和日本又分别研制出了横杆式机器人（如图 2-38 所示），配合高速冲压生产线，将冲压自动化线的生产效率提高到 12 ～ 18 件/min，使生产效率能够达到 700 件/h 以上。相对于传统的机器人，横杆式机器人缩短了机器人搬运冲压件的时间，缩短了机器人的安装时间，使压力机的间距由 6 ～ 8m 缩短到 5.2m。这样不

图 2-37　机器人自动化生产线

仅仅缩短了工件的搬运时间，提高了生产节拍，还减少了厂房建设的投资，为企业节省了大量的资金。

图 2-38　横杆式机械手自动化生产线

　　冲压自动化生产线是以自动化通信控制为基础的。在冲压生产线上，每台压力机、机器人和拆垛装置等都是由一个工业控制器如 PLC 来控制的，多数采用工业总线如 PROFIBUS-DP 或者工业以太网如 PROFINET-IO 等来实现各控制器之间的数据交换，达到自动化生产的目的。工业控制器将机器人的动作信号和压力机或其他相关设备的动作信号连接起来，实现各执行机构的顺序动作。把机器人安装到指定地点，将拆垛和装箱装置安装完毕，将所有的线缆连接完毕，自动化生产线就已经初具外形。另外不同的冲压件使用不同的模具，通过对机器人进行示教，将机器人在不同模具时对应不同的轨迹存储在控制器中，在总控制台的输入装置上输入相应的模具号，存储相应模具号的机器人轨迹被自动调出，一旦起动条件被激活，机器人就会按照相应的程序进行。每台压力机、机器人、拆垛装置和装箱装置之间的联锁信号非常重要，这些信号既决定了他们互相之间的动作条件，也决定了互相间的动作顺序。所以在联锁信号处理上，尤其是和机器人安全相关的信号，一定要有充分的可靠度，有的甚至要求具备自诊断功能。如一般要求压力机回程到 355°时，才允许机器人进入压力机取件，此时对于机器人是绝对安全的。

本 章 小 结

1. 车身覆盖件冲压生产方式有单台压力机多品种轮换生产、多台压力机组成的冲压流水生产线、多台压力机组成的冲压自动生产线、大型单台多工位压力机自动生产四种。

2. 开卷落料生产线主要由开卷单元、落料压力机及堆垛单元组成。

3. 冲压自动生产线主要由板料拆垛装置、压力机、自动化搬运设备组成。

思考与练习

1. 叙述车身覆盖件冲压生产方式的种类及它们的特点？

2. 描述冲压车间开卷料落生产线的生产任务？并说明该生产线由哪些设备组成？

3. 试讨论冲压自动化生产线的组成及生产过程？

第**3**章

汽车冲压材料

学习目标 ▶

1. 认识汽车冲压材料的特点及要求。
2. 认识汽车常用冲压材料的种类及性能。
3. 学会选用汽车冲压材料。

汽车生产中采用了大量的冲压成形工艺，冲压成形工艺材料消耗低、工艺流程简单、适合大量流水生产。冲压能生产出一定强度、一定刚度、形状复杂、重量轻的零件。冲压成形的零件互换性好，能保证装配的稳定性、生产效率高，产品质量稳定，而且非常适合汽车工业多品种、大批量生产的需要。冲压材料与冲压生产的关系十分密切，材料的好坏不仅决定产品的性能，更直接影响到冲压工艺的过程设计，影响到冲压产品的质量、成本、使用寿命和生产组织。

汽车冲压件主要以车身覆盖件、车架纵梁和横梁、车厢、车轮及制动盘为主，还有一些支撑件与连接件。由于每个具体汽车零部件的使用和工作条件不同，承受的负荷不同，所以对用材的要求也有很大的差异。

冲压设备、冲压工装及冲压材料构成冲压的三大要素，只有将它们良好地结合，才能得出质量优良的冲压件，因此合理选用汽车冲压材料是一项重要而复杂的工作。

3.1 汽车冲压材料的要求

3.1.1 汽车冲压材料的基本要求

汽车不同部位的冲压件有不同的作用，具有不同的加工艺过程。为满足不同部位冲压件的作用和简化工艺过程，对冲压件的材料有下列要求：

（1）强度高 汽车车身是能行驶的"房屋"，行驶中应能保障乘员及货物的安全，这就需要车身覆盖件有足够的强度。另外，汽车发生碰撞事故时，车身可能发生碰撞的部位应有足够吸收碰撞产生的能量的能力和防止严重变形的刚度，以保证驾驶人和乘客的安全。

（2）成形性好 制造车身覆盖件的钢板材料都是经过冲压成形的。一般情况下，钢板材料的强度越高，成形性就越差。研究开发既有高强度又有好的成形性能的钢板材料和其他有良好性能的金属、非金属材料，是目前研究汽车覆盖件材料的重要方向。

（3）质量轻 有资料介绍，汽车的车身每减轻 10%，行驶油耗就相应减少 6% ~ 8%。油耗是汽车的重要经济指标之一。减少油耗可以改善废气的排放，降低空气污染。汽车质量轻，在同样的载荷和速度下可以缩短制动距离并减少碰撞惯性，同时也提高了汽车行驶的安全性。

（4）耐腐蚀 车身覆盖件是暴露在大气环境中的，车上的乘员、货物靠车身挡风避雨。汽车行驶中要经受不同的地理条件和气候环境的考验。城市酸雨、海边盐雾、大漠风沙、高原冰雪都会对车身造成损害。汽车车身耐腐蚀要求已从 20 世纪 70 年代的 8 年不穿孔发展到目前的 12 年不穿孔。

（5）良好的焊接性 汽车车身是由覆盖件焊接装配而成。覆盖件成品准确地安放在焊接夹具上，数控操纵的点焊机器人将覆盖件焊成左右侧围、顶盖、地板、仪表台上部、发动机盖、车门行李箱等部件，然后将各部件安放在白车身整车焊接夹具上，焊成白车身。一辆中型车的白车身大约有三四千个焊点，任何一个焊点失效都会降低整车的刚性、挠性等安全性指标。覆盖件材料具有良好焊接性是材料的重要指标之一。

（6）抗凹陷性 汽车在泥石路面上行驶时会受到泥石的迸溅，恶劣的气象条件如冰雹、严重沙尘暴扬起的沙石，都可能造成车身外表面局部凹陷，影响美观，甚至漆膜剥落。为此要求车身覆盖件板材有一定的抗凹陷性。

（7）表面光洁易涂装 汽车的漆膜外表都是光亮如镜的，未经清洗涂装的白车身其表面也必须是平滑光顺的，因为涂装油漆不能遮盖覆盖件基材表面的任何微小疵痕。覆盖件基材经表面处理后对漆膜要有良好的附着力，漆膜不易剥才能呈现其耐腐蚀和美观的双重功效。

（8）不污染环境 覆盖件在加工过程中最好不散发污染环境的气体，尤其轿车车身的内部是密闭的乘坐空间，更不允许有不良气体散发。车厢内所有生物或有机材料及某些有害溶剂，在汽车出厂前都应妥善处理。

（9）可以再生 汽车是大批量生产的商品，全世界大约每年生产六千万辆汽车，同时每年报废四五千万辆汽车。以每辆汽车车身约 0.5t 计算，两三千万吨物资如不能回收再利用就是极大的浪费，而且还会占用大量土地，污染环境。

（10）质量均匀 汽车是大批量生产的产品，稳定的生产流程和生产工艺必须有不分批次和来源而质量、性能都均匀一致的毛坯材料作保证，否则将导致生产秩序的紊乱。质量均匀最主要的就是板材厚度尺寸公差范围应尽量小，尺寸公差范围大的坯料，对冲压件的生产稳定性有很大影响，会使成形变化不定，废品率增大。在某些成形工序中，模具间隙根据坯料厚度确定的，尤其是校正弯曲和整形工序，坯料厚度公差对成形件的精度与模具寿命影响很大。

（11）供应渠道广 车身是汽车的表征。汽车的动力、传动、控制、制动、悬架、装饰等部件都可以从专业部件生产厂采购成品。唯有车身，一般都是汽车厂选定毛坯材料自行生产。因此车身生产所需的毛坯材料通常都由多家企业供应，即使某一供应渠道受阻，也不致影响汽车的生产。因此汽车覆盖件材料必须是有宽广的供应渠道。

（12）价格合理 汽车车身成本约占整车成本的 1/3。除高级豪华轿车外，汽车已是大众化的交通工具，同时也是一种交易商品，买卖双方都希望汽车的性价比能够合理。一般汽车价格的组成包括材料成本和生产成本两大方面，因此汽车覆盖件材料价格高低直接关系到汽车价格，必须保证其合理性。

3.1.2 汽车各部件对材料的性能要求

（1）汽车车身对材料的性能要求 汽车车身部件大都是覆盖件，外形复杂，成形复杂，但受力不大，采用模具成形工艺，材料的成形性能就成了主要矛盾，因此要求材料具有成形性、张紧刚性、延伸性、抗凹性、耐腐性和焊接性等。产品设计时，通常根据板制零件受力情况和形状复杂程度来选择钢板品种。一般选用拉延性能优良的低碳冷轧钢板、超低碳冷轧钢板。近几年，成形性优异、强度更高的含磷冷轧钢板、高强度冷轧钢板、冷轧双相钢板、烘烤硬化冷轧钢板、超低碳钢高强度冷轧钢板以及其他种类钢板如涂镀层钢板、拼焊钢板和TRIP钢板等，也被大量应用到车门外板、车门内板、车门加强板、车顶盖、行李箱盖板和保险杠等汽车车身零件上。

（2）汽车车厢零件对材料的性能要求 汽车车厢零件形状不太复杂，大都采用辊压成形工艺，对材料的成形性、刚性、耐腐蚀性和焊接性都有一定的要求。一般选用成形性能和焊接性较好的高强度钢板。通常，采用强度级别为 300~600MPa 高强度钢板和超细晶粒钢。

（3）车架及一些支撑件对材料的性能要求 车架及一些用于支撑和连接的零部件，都是重要的承载件，大都采用模具成形工艺，要求材料有较高的强度和较好的塑性，以及疲劳耐久性、碰撞能量吸收能力和焊接性等。一般选用成形性能较好的高强度钢板、超细晶粒钢板（强度级别在 300~610MPa）和超高强度板（强度级别在 610~1000MPa）。

3.2 汽车冲压用钢板的种类

自 1912 年汽车出现金属车身到现在近百年的历史中，钢板一直是制造汽车车身和结构件的主要材料。据统计，载货汽车钢板约占钢材总用量的 50%，而轿车约占 75% 左右。由此可见，汽车钢材的使用以钢板为主。

汽车冲压件形状各异，成形工艺也不一样，有深拉延、胀形、弯曲、翻边等成形工艺，又有强度结构件（如车架）和刚性结构件（如车轮、制动盘等）之分，这就要求钢板应具有不同的冲压级别和不同的强度级别来满足零件的不同要求。因此，汽车冲压用钢板的品种繁多。

按轧制方法分，汽车冲压用钢板可分为冷轧钢板和热轧钢板。按冲压级别区分，则可分为普通冲压级、深冲级和超深冲级。优碳热轧钢板可分为深拉延级（S）、普通拉延级（P）和冷弯成形级（W）。冷轧钢板可分为超深冲拉延级（IF）、最复杂拉延级（ZF）、很复杂拉延级（HF）、复杂拉延级（F）、最深拉延级（Z）、深拉延级（S）和普通拉延级（P）。按强度级别区分，可分为普通强度、高强度和超高强度钢板。有关资料中，将高强度和超高强度钢板按强化机理进行分类，可分为固溶强度、析出强化、组织强化、复合组织强化、热处理硬化型强化、相变强化（TRIP 钢）、冷作硬化强化以及时效强化等类型。

"汽车冷冲压用钢板应具有良好的焊接性能、涂漆性能和抗凹陷性能。车身是由众多的冲压件经焊接而成，良好的焊接性能提高了车身的质量；良好的涂漆性能可以获得美观的车身外观质量和提高其耐腐蚀性能，采用镀锌钢板生产车身冲压件是必要的。汽车在行驶中，车身要经受沙石的碰击，为提高车身外表件的抗凹陷性，采用烘烤硬化钢板生产外表件是理想的。"

　　人们统称的钢板，包括钢带和钢板两种形式。成卷供应的称为钢带。由钢铁厂将钢带展平剪切成一定尺寸的平片，成捆供应给用户的钢材称为钢板。同一材质、厚度、面积的钢带其价格约较钢板低 10%。钢带的长度大，可以连续排样，材料利用率较钢板高，因此，使用钢带较使用钢板更经济，更适合批量生产。使用钢带为原料的工厂必须具备开卷线。更宽一些的钢带，可以减少车身零件、缩短工艺流程和焊点数等优点，我国宝山钢铁公司已能生产 1800mm 宽钢板，武汉钢铁公司能生产 2230mm 宽钢板，鞍山钢铁公司能生产 2310mm 宽钢板。

　　随着汽车车身轻量化设计的要求，质量轻、强度高、具有良好冲压成形性能的材料是汽车冲压材料发展的主要趋势。铝、镁合金材料使用比例逐渐增加，比如全铝合金车身。另外新型复合材料的用量也有增加的趋势，比如碳纤维车身等。

　　目前，广泛应用的汽车冲压材料包括冷轧薄钢板和热轧钢板两类。其中，冷轧薄钢板应用于车身覆盖件的冲压；热轧钢板主要应用于车架大梁、车轮等受力大的结构件。

3.2.1　冷轧薄钢板

　　目前大批量生产中使用最多的就是冷轧钢板。冷轧薄钢板的厚度在 0.15 ~ 3.2mm 之间，汽车车身多采用 0.6 ~ 0.8mm 的薄板。这种薄钢板尺寸精度非常高，表面光滑，具有良好的力学性能和加工性，主要用于车身侧围板、顶盖、发动机盖、翼子板、行李箱盖、车门板和仪表板等外覆盖件，这些零件要求材料具有高的成形性能、良好的表面质量和焊接性能。

1. 一般冲压用薄钢板

　　在无间隙原子钢板(IF 钢)使用以前，汽车覆盖件都用低碳沸腾钢板(08F)和铝镇静钢(08AL)冲制。沸腾钢由于冲压成形性能差和容易失效等缺陷现已较少使用。而铝镇静钢板仍作为冲压用钢板大量应用，特别是对于成形要求不高的车身零件，采用铝镇静钢板仍然占多数。

　　(1) 铝镇静钢板(08AL)

　　① 铝镇静钢板的化学成分。08AL 作为一种传统的冲压钢板，其强度要求不高，但要求有良好的冲压成形性能，为此要求钢板有较高的塑性，钢板中的合金元素越低越好。

　　a. 碳。碳在一般钢材中是主要元素，但是在深冲薄板中，它却是有害元素。钢中碳的质量分数增加，会使低碳钢的强度提高而使成形性能降低。因此，我国的 GB/T5213—2001 中规定深冲压用钢的碳质量分数应低于 0.08%。

　　b. 锰。锰质量分数高时，使钢板的强度升高，所以一般铝镇静钢的锰质量分数应低于 0.4%。

　　c. 硫。硫质量分数对薄钢板的冲压性能有不利影响，因此其质量分数越低越好。一般08AL 钢板规定的硫质量分数应低于 0.025%。

　　d. 磷。磷元素的作用是显著提高钢板强度，除高强度钢板中提高其含量外，在一般冷轧钢板中都限制其质量分数，深冲薄板中磷的质量分数低于 0.020%。

　　e. 硅。硅的作用主要是提高钢板强度，但会恶化冲压性能，所以其质量分数越低越好，硅质量分数应低于 0.030%。

　　f. 铝。铝加入冲压用冷轧钢板中提高其冲压性能，所以 08AL 规定铝质量分数应在0.02% ~ 0.07% 之间。

08AL 钢板各元素的质量分数见表 3-1。

表 3-1　08AL 钢板各元素的质量分数　　　　　　　　（单位:%）

材料	C	Si	Mn	P	S	O	Al
08Al	0.04	0.01	0.22	0.013	0.010	0.04	0.052

② 铝镇静钢的性能。铝镇静钢的性能见表 3-2。

表 3-2　08AL 钢板性能

材料	σ_s/MPa	σ_b/MPa	σ_s/σ_b	$\delta(\%)$	硬化指数 n	塑性应变比 r
08Al	215	315	0.68	42	0.22	1.6

由表 3-1 和表 3-2 可知，08AL 钢板属于低碳钢，有较好的塑性，合适的强度，具有一定的时效性，在 3~6 个月内使用时，不能破坏其冲压性能。

铝镇静钢结相组织简单，一般由铁素体、游离碳化铁和少量非金属夹杂物组成，游离的碳化铁和非金属夹杂物对钢板的冲压性能影响很大，其中以方形夹杂物影响最大，圆形点状夹杂物影响最小，在冲压过程中会引起制件开裂。

铁素体晶粒的大小和晶粒的均匀性对冲压性能影响也很大，晶粒过小，强度升高而塑性降低，对冲压性能不利；晶粒过大，冲压后零件的表面差，会出现桔皮状表面，晶粒度以 7~8 级最为理想。若晶粒不均匀，会引起零件整个变形的不均匀性，从而导致开裂。

在冲制复杂零件时，因零件各部位的变形量不同，会在零件表面出现滑移线，严重地降低零件的表面质量，这对于汽车的覆盖件，这种现象是不允许出现的。一般要进行调质轧制处理，消除冲压中出现的滑移现象。

综上所述，08AL 钢板适合冲压强度、表面质量要求不高的、变形均匀的一般零件。而对于深冲件和复杂零件，要慎用。

（2）无间隙原子钢板(IF 钢板)　汽车车身由冲压件焊接组成。轿车车身的形状为了减少空气阻力和外形美观而日趋复杂，对钢板的冲压性能要求日益提高，因此对影响冲压成形性能的指标有一定要求，如高的塑性应变比、适当的应变硬化指数、高的伸长率、低的屈服强度，只有符合上述要求的钢板才能冲出形状复杂的零件。

以普通沸腾钢为代表的第一代冷轧钢板和以铝镇静钢为代表的第二代冷轧钢板都难以完全满足现代轿车冲压件的要求。目前已能大规模生产的第三代冷轧无间隙原子钢(IF 钢板)能满足上述要求，由 IF 钢衍生出的新型钢板如 IFBH 钢、IF 高强度钢、IF 镀层钢等，再加上双相钢(DP 钢)和塑性变形诱导相变钢(TRIP 钢)，使汽车用冷轧钢板达到了新的水平，基本上满足了轿车生产的需要。

在低碳钢中加入足够数量的钛后，钢中的碳、氮间隙原子就完全被钛固定，形成钛碳化合物，此时钢就成为无间隙原子钢而具有优异的成形性能。因钛价格昂贵，钢的生产成本太高，因此无法大批量生产。20 世纪 60 年代后期，真空脱气技术的成功应用，使得钢中的碳、氮含量大幅度降低，而减少了钛的用量，从而降低了 IF 钢的生产成本。到了 70 年代，钢板生产采用连续退火机组，大大降低了生产成本，又出现了加铌及复合添加钛和铌的 IF 钢，扩大了 IF 钢的生产和应用。

① IF 钢的化学成分。钢的化学成分是其性能的基础,对 IF 钢而言,首先是降低对成形性能有害的碳和氮的质量分数,同时加入钛和铌,钢板中各元素的质量分数见表 3-3。

表 3-3　IF 钢各元素的质量分数　　　　　　　　　　（单位:%）

材料	C	Si	Mn	P	S	O	Al	Ti	N
08Al	0.04	0.01	0.22	0.013	0.010	0.04	0.052		
IF	0.003	0.021	0.10	0.007	0.006	<0.005	0.015	0.052	0.0034

IF 钢中碳、硅等元素的作用同 08Al 钢,钛和铌是 IF 钢中的重要元素,通过钛和铌的处理使固溶体中的间隙原子碳和氮得以清除,从而清除间隙原子的不利影响。工业生产中的超低碳钢若不经过加钛和铌的处理消除间隙原子,其塑性应变比不高,成形性能不好。

目前工业生产的 IF 钢有三种,即单一加 Ti 的 Ti-IF 钢、单一加 Nb 的 Nb-IF 钢和同时加 Ti 和 Nb 的复合 Ti-Nb-IF 钢。

上述三种 IF 钢的特点如下:

a. Ti-IF 钢。就工艺参数而言,低的加热温度、高的卷取温度、高的退火温度和大的冷轧压下率有利于 Ti-IF 钢成形性能的提高。合金成分对 Ti-IF 钢延伸率的影响没有 Nb-IF 钢敏感,一般钛稳定钢延伸率较高。高的卷取温度和退火温度会得到粗大的 TiC 颗粒,因此强度级别低。对 Ti-IF 钢性能产生重要影响的 TiS 和 Ti4C2S2 等析出物一般在加热过程和热轧初始阶段就开始析出,所以工艺参数对 Ti-IF 钢影响不是很敏感,工艺过程的可操作性强,性能稳定。但是这种成分体系的钢平面各向异性大而且镀层抗粉化能力较差,不适用于镀锌板。

b. Nb-IF 钢。与 Ti-IF 钢相比,由于细小 NbC 粒子析出,可以提高钢的强度,故 Nb-IF 钢具更高的强度水平。Nb 的添加,改善钢的织组结构,各向异性值降低,提高了塑性应变比(r)平均值;Nb 偏析到晶界,可防止冷加工脆性,提高可镀性和抗粉化性能。但由于 Nb-IF 钢的析出过程发生在热轧冷却阶段或退火阶段,力学性能对工艺参数比较敏感,而且 Nb-IF 钢有较高的再结晶温度,其力学性能不如 Ti-IF 钢好。

c. (Nb + Ti)-IF 钢。铌钛稳定的 IF 钢延伸率比 Ti-IF 钢低,但 r_m 值和 $r45°$ 值都比较高,具有较强的可成形性。铌钛稳定的 IF 钢比钛稳定钢具有较好的涂层粘附性,具有良好的合金化及热镀锌钢板抗粉化,而且力学性能对工艺不敏感,整卷性能均匀,适合于在连续退火工艺下生产高强钢及热镀锌钢,也是电镀锌 IF 钢和热镀锌 IF 钢基板的最佳选择。

② IF 钢板的特点。与现在广泛使用的铝镇静低碳深冲钢比,IF 钢板在性能上最明显的特点是优秀的成形性能和永不时效性。

a. 优秀的成形性。表 3-4 为 IF 钢板(BSC2)与现用的深冲钢板(SPCEN)标准性能的对比情况。表 3-5 则是这两种钢板实测的性能对比情况。

表 3-4　IF 钢板与深冲钢板的标准性能

种类	钢号	δ_s/MPa	δ_b/MPa	δ(%)	r	n	IE	标准
深冲	SPCE-ZF		≥270 –	≥41°	—	—	11.2	Q/B2B403 – 94
IF	BSC2	≤190	260~330	≥41°	≥1.8	≥0.21	—	B2J407 – 98

表 3-5 IF 钢板与深冲钢板的实测性能

种类	钢号	δ_s/MPa	δ_b/MPa	$\delta(\%)$	r	n	备注
深冲	SPCEN	168.8	318.7	46.1°	1.75	0.242	所取数据为一汽 1997 年全年所有钢板的平均实测值
IF	BSC2	148.2	303.5	44.6°	2.1	0.23	

表 3-4 所列的两种钢板的标准性能值几乎相差不大，但 IF 钢板已把更能反映钢板成形性能的技术指标 r 和 n 值列为正式指标，可见这种钢板更注重成形性。从表 3-5 可以看出 IF 钢板实测的与成形性有关的指标普遍优于深冲钢板，说明这种钢板有着优秀的成形性能。

b. 无时效性。一般钢板都具有时效性。所谓时效性就是钢板的屈服应力和延伸率随时间的推移而变化，经过一段时间后钢板的拉延性能曲线上会出现明显的屈服平台，此时钢板的成形性能下降。钢板的这种时效性是由于钢板中存在着碳、氮等间隙固溶原子造成的。尽管深冲钢板使用了铝镇静，其时效性已经不明显了，但它的存在仍是一个客观事实。所以，现在还仍然有这样的规定，即轧制后的深冲钢板的时效期为个 3 月，也就是说，轧制后的深冲钢板必须在 3 个月内用完，否则成形性就会下降。

③ IF 钢板的应用。由于 IF 钢板具有优秀的成形性能和独特的不时效性，所以在汽车工业特别是轿车工业中得到了广泛的应用。其应用概括起来，有以下几个方面。

a. 用于形状复杂的冲压件。有些冲压件形状复杂，拉延较大，即使使用最好的铝镇静深冲钢也难以完全满足要求。例如发动机的油底壳对钢板的拉延性要求很高，过去一直使用进口的深拉延级钢板，但效果不太理想。自从使用了国产的深冲 IF 钢板之后，这个问题便迎刃而解。用国产 IF 钢板取代进口的深冲钢板生产一些形状比较复杂的冲压件，效果很好，值得进一步推广。

b. 用于制造高强度的汽车车身覆盖件。为了节约能量和满足日益严格的环保要求，高强度钢板正在汽车工业中得到广泛的应用。例如，轿车车身的许多外覆盖件在原设计中就广泛地采用了高强度钢板，降低了钢板的厚度，从而降低了车身的质量，降低了汽车燃油消耗，也降低了汽车的有害排放。

IF 钢板具有非常优秀的成形性。在此基础上通过固溶强化等方式开发出来的高强度 IF 钢板在获得了较高强度的同时仍然保留着较高的成形性。表 3-6 列出了目前使用的高强度钢板（铝镇静固溶强化钢板）与高强度 IF 钢板的性能对比情况。

表 3-6 铝镇静高强度钢板与高强度 IF 钢板的性能

钢种	级别	δ_s/MPa	δ_b/MPa	$\delta(\%)$	δ_s/δ_b	n	r
铝镇静固溶强化钢板	340MPa	245	372	38	0.66	0.21	1.6
	370MPa	265	402	37	0.66	0.21	1.6
	390MPa	274	421	36	0.65	0.21	1.5
	440MPa	333	470	34	0.71	0.20	1.4
高强度 IF 钢板	340MPa	206	353	40	0.58	0.21	1.9
	370MPa	225	382	39	0.59	0.21	2.0
	390MPa	245	412	37	0.59	0.21	1.9
	440MPa	274	461	36	0.59	0.20	1.8

从以上对比中可以看出，在强度级别相同的情况下，高强度 IF 钢板的成形性指标的综合水平要明显优于传统使用的高强度钢板，加上这种 IF 钢板不具有时效性，冲压过程中不会在表面上出现影响板件外观质量的滑移线，所以用这种钢板生产汽车外覆盖件非常适宜。

c. 作为高性能镀锌钢板的基板。镀锌钢板在汽车上的应用越来越广，如奥迪等欧洲车型和北美的一些车型中甚至整个车身都是用镀锌钢板制成的。镀锌钢板得到广泛应用的原因一是北欧和北美等气候寒冷的国家，冬日雪后路面喷洒盐水对车身件腐蚀严重，二是为了提高汽车使用寿命，各国对汽车板材不发生锈蚀的年限一再延长，一般裸钢板不能满足这些要求，所以镀锌钢板受到了重视。

现在，一般都采用深冲钢板作为基板生产镀锌板，由于热镀锌时需要加热到 500℃ 左右的高温，基板因发生严重时效而使成形性变坏，从而使镀锌板的应用产生了局限性，不能用于比较复杂的冲压件。IF 钢板的问世成功地解决了这个问题。由于 IF 钢板本身具有很高的成形性，加之没有时效性，所以在热浸镀锌后仍能保持着很好的成形性。表 3-7 是两种以 IF 钢板为基板生产出来的钢板的实测性能，我们从中可以看出这两种钢板基本上保持了它原板的特点，具有很好的成形性。

表 3-7　IF 钢板热镀锌后的性能

镀锌板钢号	δ_s/MPa	δ_b/MPa	$\delta\%/(L_0=80mm)$	r	n	备　　注
St06Z	185	308	43.5	1.95	0.22	一汽使用的 900 多吨钢板的实测平均值
St07Z	176	305	44.5	1.983	0.223	

另外，由于用钛作为微合金化的 IF 钢板平面上各向异性较大，以此种钢板为基板生产出来的镀锌钢板在冲压过程中，有可能因钢板各个方向的应变程度不同而发生粉化。以铌为微合金化元素时，情况要好得多，所以在实际生产中一般使用添加 Nb 或者 Ti + Nb 的 IF 钢板作为镀锌板的原板。

2. 汽车用高强度钢板

为控制导致全球变暖的 CO_2 排放，汽车制造商以降低燃料消耗为目的，积极推进汽车车身轻量化的设计。20 世纪 90 年代初，汽车车身使用高强钢板的比例增加到 30%，减轻了车重。90 年代后期，出于碰撞安全性考虑，汽车车身增加了加强件的使用量，从而增加了车重。为确保车身碰撞安全性和轻量化，用于汽车车身的高强钢板强度从 440MPa 级提高到 590MPa 级，车身结构件使用 980MPa 级超高强钢板，使用比例也在 40% 以上。从提高车身缓蚀性能来看，合金化热镀锌钢板具有与冷轧钢板相同的高强度特性。

汽车用高强度冷轧钢板主要用于车身零部件，大致分为 3 类，即内外面板、结构件和加强件。表 3-8 列出了每一部件要求的钢板强度和特性及需解决的问题。

表 3-8　汽车零部件用高强度钢板

主要应用部件	部件需要的性能	适用材料	TS 级/MPa	进一步高强度化的材料技术课题
1. 面板	外板表面质量			
门	拉延刚性	BH 钢板	-340	镀层表面质量
挡泥板	抗凹性	IF 型高强钢板	-440	成形性（El, r 值）
侧板	耐蚀性			表面精度（YS, n 值）

（续）

主要应用部件	部件需要的性能	适用材料	TS 级/MPa	进一步高强度化的材料技术课题
2. 结构件				
结构类部件	冲击强度 疲劳强度	固溶强化型钢板 析出强化型钢板	440～980	成形性
支架类部件	刚性 耐蚀性	DP 钢板 TRIP 钢板		（El、n 值、扩孔率、弯曲性）
3. 加强件				点焊性
门撞击梁 结构 RF 薄板框架	冲击强度 疲劳强度	DP 钢板 贝氏体钢板 马氏体钢板	780～1470	镀层适用性 耐滞后破坏特性

（1）外板用高强度钢板　汽车外板分为车门和侧面两类，车门外板的抗凹性要求很高，适用于车门外板等拉延成形主体部件，侧板适用于深冲成形性要求较高的部件。

① 面板零部件用钢板。20 世纪 80 年代后期，车门外板等部件开始使用烘烤硬化钢板（BH），该钢板在超低碳钢板基础上，添加 Nb、C 等元素，将固溶碳含量控制在很低的水平。到了 90 年代，采用 Mn、P 等元素固溶强化的 340MPa 级 BH 钢板的抗凹性能得到了提高，并广泛应用于车门外板等部件。BH 钢的特点是对冲压形变的钢板进行烤漆高温时效处理，以提高屈服强度。在烘烤工序中，随着屈服强度的上升，抗凹性也随之上升，这时可缓解冲压成形时的表面形变。但需要注意的是，随着常温时效的进行，产生了屈服强度的上升点，降低了面板的表面质量。近年来，随着炼钢技术的进步，对固溶碳进行了高精度控制，保证了 BH 钢板的耐时效性，从而满足了汽车制造商的全球化生产。另外，具有低屈服比的双相钢（DP）以及具有高 BH 值的钢种都在开发之中。

② 外部侧板用高深冲钢板。汽车外部侧板的深冲成形性要求很高，广泛采用 r 值较高的 IF 钢板。IF 钢是在超低碳钢中添加 Nb 和 Ti 元素，以使 C 和 N 等固溶元素为零。即使在连退和合金化热镀锌工序中，也能表现出稳定的非时效特性，其冲压成形性由此得到了很大的提高。从材料角度看，IF 钢为外部侧板和三角面板的整体成形化做出了很大贡献。20 世纪 90 年代前期，通过在 IF 钢中添加 Si、Mn 和 P 元素，开发出强度低于 440MPa 级高深冲高强度冷轧钢板。90 年代后期，340MPa 级 IF 合金化热镀锌钢板被用于汽车外部侧板。

近年来，经过铁素体细晶强化和 Nb 的 C、N 化合物的弥散强化，开发出深冲成形性和合金化热镀锌优良的新型高强度冷轧钢板。作为合金化热镀锌钢板，当固溶强化元素添加量减少时，可获得低于 440MPa 级的强度，能满足汽车外板表面质量的要求。利用以前 IF 钢没有的微细

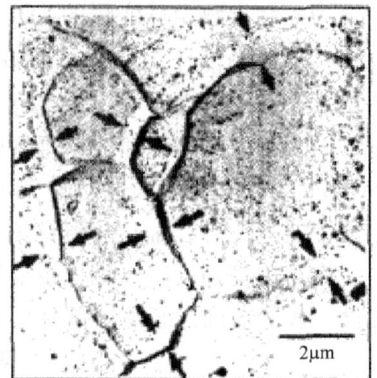

图 3-1　微细晶粒 IF 高强钢板
NbC 的析出形态

组织，可获取较高 r 值，这对防止二次加工脆化很有效。如图 3-1 所示，在微细晶粒型高强度冷轧钢板的晶粒界面附近形成了铌碳化合物低量析出区域。图 3-1 箭头部分为晶粒界面附

近析出量低的区域。加工时，从晶粒界面附近施加低应力后，出现屈服现象。与以前的 IF 高强钢板相比，能确保面板的表面精度。390MPa 级和 440MPa 级高深冲冷轧钢板目前已应用于汽车外部侧板。

（2）车身结构件用高强钢板 对于侧面结构件、支架和车身底框等主要结构件来说，要求具备耐形变等特性，如图 3-2 所示，即受撞击时能提高吸收冲击能量，且车身形变被抑制到最小范围。BH 效果好的 DP 钢板和 TRIP 钢板对角筒状轴冲压能量的吸收表现良好。20 世纪 90 年代后期以来，汽车制造商在 440MPa 级冷轧板基础上研究开发 590MPa 级冷轧钢板和防锈性能良好的合金化热镀锌钢。

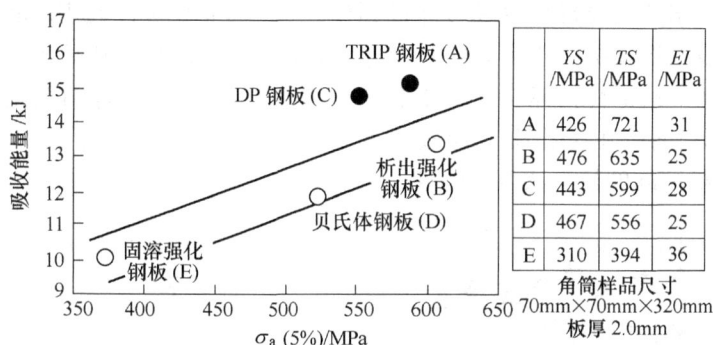

图 3-2 高强度冷轧钢板冲压吸收能量

① 冷轧双相钢（DP 钢）。从相变组织来看，DP 钢板是把最硬的马氏体组织分散到铁素体基体中进行强化的钢板。DP 钢的软铁素体组织体积比高，是高强钢板获得高延伸性的有效方法，适用于形状复杂且强度要求高的车身零件。形变初期，低屈服比的钢板具有高加工硬化特性（n 值），随着形变量的增大，其强度也随之增强。如图 3-3 所示，铁素体的固溶碳含量较高，烘烤硬化时其强度也随之上升。作为 590 ~ 980MPa 级低屈服比的高强度冷轧钢板，DP 钢板适用于深冲型和拉延成形较难的成形部件。

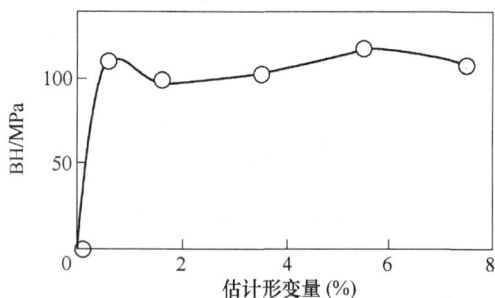

图 3-3 980MPa 级冷轧钢板拉延形变量引起的 BH 量变化

② 冷轧塑性变形诱导相变钢（TRIP 钢）。与 DP 钢板一样，在退火工序中经过铁素体和奥氏体的两相分离后，在冷却过程中，即 400℃ 左右时，在贝氏体相变区域进行奥氏体回火，使奥氏体分解成贝氏体和常温下稳定的残余奥氏体组织。残余奥氏体受到拉延形变时，则发生所谓的相变诱导塑性现象，在成形过程中残余奥氏体逐渐转变为硬度大的马氏体。如图 3-4 所示，由于 TRIP 效果，高形变区域的 n 值较高。与 DP 钢板相比，TRIP 钢板具有均匀延伸性较高的特性。目前，590MPa 和 780MPa 级 TRIP 冷轧钢板已被实用化。

为了获得高塑性，TRIP 钢中的残余奥氏体需达到 10%，而 DP 钢的碳质量分数也要求高一点。因此，使用 TRIP 冷轧钢板的零部件在点焊时必须充分考虑其焊点熔核直径和管理等因素。

③ 980MPa 级冷轧钢板。980MPa 级以上的高强度冷轧钢板主要用于保险杠和门防撞大

梁等汽车零部件,从 20 世纪 90 年代后期开始研究、推广并应用于深冲和拉延成形影响大的支架和薄板框架等零部件。980MPa 级冷轧钢板。980MPa 级以上的高强度冷轧钢板主要用于保险杠和门防撞大梁等汽车零部件,从 20 世纪 90 年代后期开始研究、推广并应用于深冲和拉伸成形影响大的支架和薄板框架等零部件。在 980MPa 级高强度冷轧钢板中,双相钢(DP 钢)占绝大部分。DP 钢具有以下特点:良好的强度和塑性组合;没有屈服延伸;底的屈强比;高的加工硬化率;高的均匀伸长率和总伸长率;较高的烘烤硬化性能和汽车在碰撞时车身具有更好的能量吸收性能,其安全性能比传统的碳钢高 50%。用 DP 钢生产的车门外板,在抗凹陷性能符合要求的情况下,可以减薄钢板的厚度,减轻汽车自重。

近年来,开发出能使拉延法兰成形性得到提高的 980MPa 级冷轧 DP 钢板。通过提高马氏体体积比,减少马氏体中碳质量分数并进行回火处理,可降低马氏体硬度,缩小两相间硬度差,提高拉延法兰成形性指标——扩孔率(A)(如图 3-5 所示)。弯曲型或者高拉延法兰型 980MPa 级冷轧 DP 钢板在扩孔率方面较以前的高延型 DP 钢板有了很大提高,能发挥与 590MPa 级 DP 钢板相同的拉延法兰成形性。

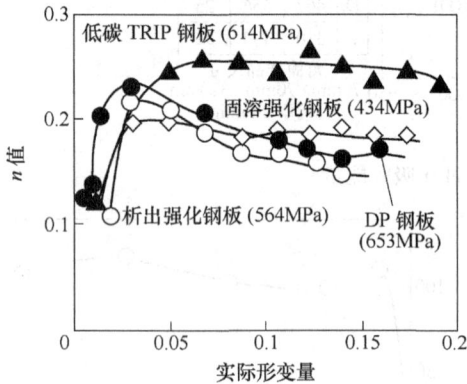

图 3-4　590MPa 级冷轧钢板的加工硬化

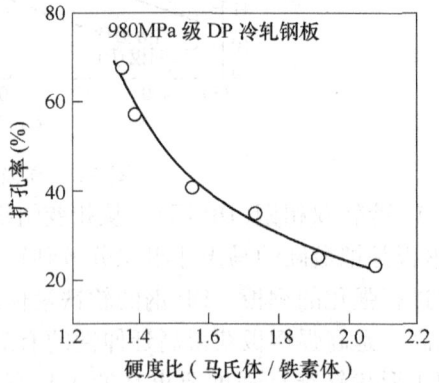

图 3-5　马氏体与铁素体的硬度比对
980MPa 级 DP 冷轧钢板扩孔率的影响

图 3-6 为采用 TOX 法的机械焊接。机械焊接是指在冲压成形中同时焊接多个部位,从节省焊接工序和零部件成本来看,正日益受到世人关注。若 980MPa 级 DP 钢板采用 TOX 方法,焊接部表面易断裂,由于在铁素体和马氏体界面出现细小裂纹,在 TOX 焊接处需要更为严格的局部形变能量。马氏体单相 980MPa 级冷轧钢板的扩孔率相当高,几乎接近 100%。也就是说,使用 TOX 焊接法,也能获得无裂纹的良好焊接性能,这适用于薄板结构。

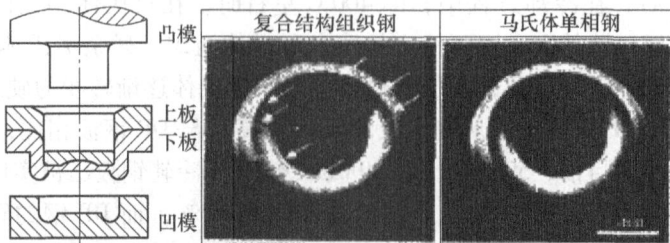

图 3-6　TOX 机械焊接方法与 980MPa 级冷轧钢板的机械焊接性

然而,并非 980MPa 级高强冷轧钢板都能满足所有成形样式的需要,通常需根据成形样式进行选择。今后，钢厂与汽车制造商和零部件厂商之间紧密合作的重要性将日益突显。

④ 590 ~ 980MPa 级合金化热镀锌
（GA）钢板。随着汽车工业的发展，汽车
的使用寿命要求不断提高，如何延长汽
车的使用寿命已成为汽车制造业的一
个重要问题。工业化的大气腐蚀、道路融
雪盐和海洋气氛的侵蚀使得汽车尤其是
轿车的有效寿命在很大程度上取决于车
身的耐腐蚀能力。因而，为提高车身缓
蚀性能，用户要求车身底部结构零部件
使用 GA 钢板的呼声越来越大。从镀层

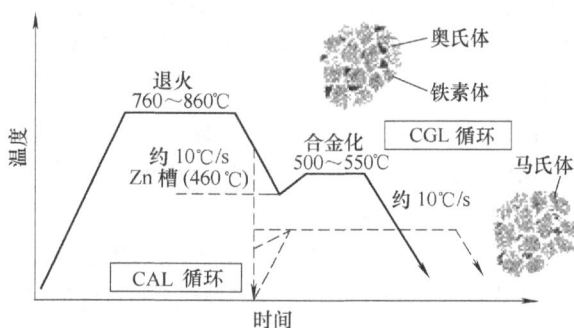

图 3-7　采用合金化热镀锌工序制造的复合钢板

稳定性和图 3-7 所示的冷却模型来看，GA 钢板的高强度化主要体现在与高强度冷轧钢板相
比，其合金成分更高，因而，在设计钢板成分时需考虑其点焊性。

从可镀性来看，Si、Mn 作为金属氧化物在钢板表面富集，由此造成与镀层之间黏结性
变差，质量下降。因此，在 GA 钢板的成分设计上，需充分考虑这些钢板的成分设计。

制造 GA 产品时，需在退火后的冷却过程中进行镀锌和合金化处理，从冷却热处理的操
作规程来看，难以在连续退火工艺中灵活应用快速冷却技术。在这样的冷却速度限制下，在
高强度冷轧 DP 钢板中添加 Mn、Cr、Mo 等淬火强化元素，可形成复合钢板。近年来，
590MPa 级 DP 型 GA 钢板开始广泛应用于结构件和加强件。780MPa 和 980MPa 级 GA 复合钢
板开始用于底部车身加强件。

对于 TRIP 型 GA 钢板来说，如何确保可镀性和合金化中的奥氏体回火处理是需要研究
的课题，目前已开发出较 DP 钢板延伸性更高的 TRIP 型高强度 GA 钢板并开始投入使用。

⑤ 1180MPa 级以上部件用超高强度冷轧
钢板。强度在 1180MPa 以上的超高强度冷轧
钢板主要是马氏体组织，已有这样的应用案
例（如 1180MPa 级钢板适用于门护栏，
1470MPa 级钢板加工成焊管后用于门撞击
梁）。强度在 1180MPa 级以上的钢板由于腐
蚀反应等因素，渗透在钢中的氢易延迟破坏，
危险性极高，因而，要求钢板具有良好的耐
延迟破坏特性。如图 3-8 所示，为使弯曲加
工性和耐延迟破坏特性同时存在，需降低淬
火指标的碳质量分数（$C + Si/24 + Mn/6$）。在
马氏体晶粒及晶粒界面，有效的方法是在不
发生析出粗大碳化物的低温区域进行回火
处理。

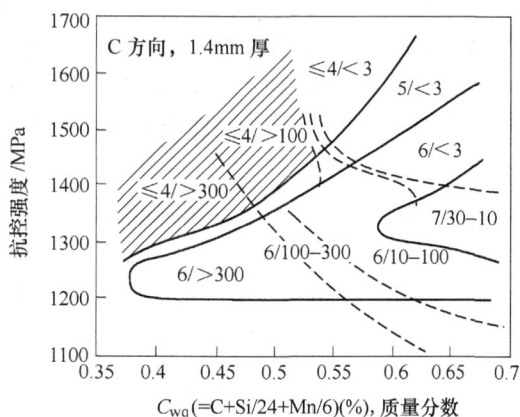

图 3-8　强度与碳质量分数对超高强度冷轧钢板
弯曲性和耐延迟破坏性能的影响

在部件成形过程中，钢板加热到 900℃ 以上奥氏体区域后，用常温下的模具进行成形淬
火处理，以提高钢板强度。近年来，强度超过 1500MPa 级部件的热冲压成形技术开始实用
化。在热成形过程中，钢板与模具相接触的深冲加工较困难。为了在热成形阶段获得需要的

零件强度，成形条件的管理也很重要。由于在大气中对坯料进行加热处理时，钢板表面易产生氧化铁皮。因而，需采取以下措施：在加热阶段实施防止脱碳和黏结及成形后进行喷沙清理的除鳞作业。为消除氧化铁皮，提高部件的耐腐蚀性，开发了热镀 10% Si—Al 的热成形用钢板。

钢板成形后大都相变为马氏体组织，由于这类钢板的延展性低，若要将其用于撞击形变量较高的部件，则需进一步提高钢板的延展性。

3. 激光焊接钢板

传统汽车车身零件有分离成形和整体成形两种成形方法。分离成形方法是利用不同的冲压模具分别成形单个零件，然后将各个零件通过夹具装配、焊接组成目标总成。这种方法虽然提高了材料选择的灵活性，但同时也增加了冲压、装配和焊接成本以及形状配合误差，并且由于定位焊时需要材料的重叠额外增加了车身的质量。整体成形方法则是在一套冲压模具上将一块钢板同时成形几个零件（一个总成件）。从车身结构设计的观点来看，每个车身零件因作用不同应具有不同的厚度和抗腐蚀性能要求，如果是单一板成形，必须对所有零部件的材料采用相同的等级、镀层类型和材料厚度，从而导致对某些零件的选材裕度过大，增加车身的质量，提高了成本，并且还会增大成形难度。

为了减轻车身质量、提高车身的装配精度、增加车身的刚度、降低汽车车身制造过程中的冲压和装配成本，减少车身零件的数目同时将其整体化是非常必要的。因而，一种克服传统分离成形方法和整体成形方法缺点的生产形式——拼焊板冲压成形得以发展。

以车门内板为例，为了保证功能的需要，车门内板的主体必须有一定的柔性，而门板的前后部需要有一定的强度。如果采用传统的冲压成形方法就需要另外设计加强板。而采用拼焊技术，先将 3 块不同厚度的钢板拼焊成一块整板，即可冲压成形。

（1）激光拼焊钢板的性能及优势。采用激光拼焊板可以给汽车制造业带来巨大的经济效益。以车身装配中的大量定位焊为例，定位焊搭接宽度需要 14 ~ 18mm（参考），而激光拼焊板无需搭接，定位焊改为激光拼焊技术可以节省钢材。用传统定位焊焊接两个 0.8mm 的钢板冲压件，平均是 20 点/mim，点距是 40mm（通常情况），焊接速度则为 0.8m/min，这会耗费大量工时，采用激光拼焊板替代定位焊工艺后可以节省工时，焊接质量得到质的提高。其优势如下。

① 零件数量的减少，以及随之而来的生产设备和制造工艺简化，大大提高了生产效率，降低整车制造及装配成本。

② 产品的不同零件在成形前已通过激光连续焊接工艺焊接在一起，因而提高了产品的精度，大大降低了零部件的制造及装配公差。

③ 通过部件的优化减轻了车身质量，从而降低了油耗、利于环保。

④ 由于不再需要加强板，也没有搭接接缝，大大提高了零部件的抗腐蚀性能，减少了密封措施的使用。

⑤ 通过对材料厚度以及质量的严格筛选，在材料强度和抗冲击性方面给零部件带来本质上的飞跃，同时改良了结构。在撞击过程中，可以让更多的能量得到吸收，从而改善车身部件的防撞能力，提高车身的被动安全性。

⑥ 增加了产品设计的灵活性。

图 3-9 所示为分离成形、整体成形和激光拼焊成形生产轿车侧围外板的示意图。

与传统工艺方法相比，激光拼焊技术具有优异的性能。激光拼焊板与母材相比，呈现出不同的性能特点。研究表明激光对接焊缝比母材具有更高的强度和硬度值。这是由于在小的焊接熔池中激光焊缝得到了快速冷却。在大多数的激光焊接接头中，热影响区组织是由细晶、等轴晶组成。图 3-10 显示了激光焊缝和热影响区的显微组织。有大量的试验证据表明质量好的激光焊缝在冲压成形时并不产生失效。

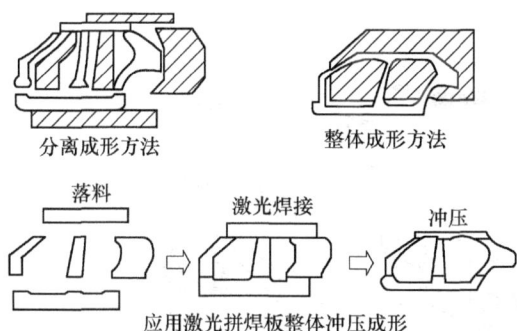

图 3-9　轿车侧围外板成形方法比较

图 3-10　激光焊接接头的显微组织

从表 3-9 的数据看出：激光拼焊钢板的屈服强度、抗拉强度有所提高，而塑性指标略有降低。

表 3-9　激光焊接与未焊接钢板样品拉延试验结果

试验样品	样品方向与轧制方向夹角/（°）	屈服强度/MPa	抗拉强度/MPa	缩颈前均匀伸长率（%）	拉断后总伸长率（%）	应变硬化指数 n	备注
08HS-IF	90	354.4	399.7	18.8	31.7	0.185	
0.8:0.8HS-IF	90	364.8	467.3	17.5	30	0.131	激光焊接速度 5m/min

（2）激光拼焊钢板在轿车车身制造中的应用　目前激光焊接钢板毛坯已经广泛应用于汽车车身的生产中。图 3-11 展示了激光焊接毛坯在白车身上的应用情况。

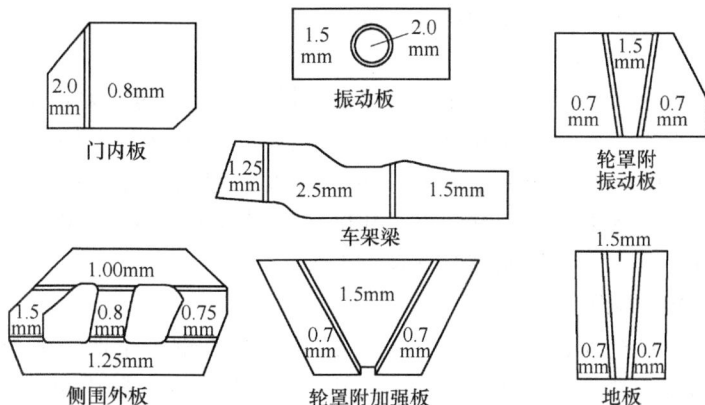

图 3-11　可以用激光焊接钢板毛坯的汽车车身件

在汽车白车身结构件中，越来越多的典型结构件诸如纵梁、门内板、保险扛、加强板在冲压工序均使用激光拼焊板（如图3-12所示）。据统计，在目前的新车身结构件设计中平均每辆车有2件或3件使用激光拼焊技术。尤其对于那些价格比较昂贵的轿车，在其车身设计中使用了更多的拼焊板。通过使用激光拼焊板，整车的抗碰撞性能得到了大大提高。由于汽车设计师和汽车生产厂家已经意识到在汽车结构件中使用激光拼焊板可以大大简化生产工序、降低生产成本、提高整车的性能，从而在更多、更新的车身结构件中运用了激光拼焊板。

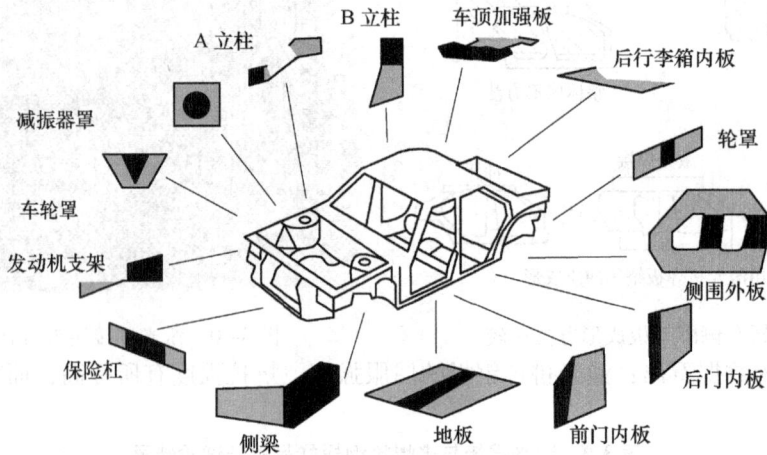

图3-12 由拼焊板生产的轿车车身零部件

3.2.2 冲压用热轧钢板

汽车用热轧钢板的数量很大，载货汽车的用量约占钢板总重量的50%，翻斗自卸车的用量更大，但轿车用热轧钢板的数量很少，只占钢板总量的10%左右。热轧钢板在我国按其厚度分为热轧薄板（厚度≤4.0mm）和热轧中厚板（厚度＞4.0mm）。按钢种可分为碳素结构用热轧钢板，如Q195-Q255钢种，08AL、15AL、08-35钢和65Mn钢等；低合金热轧钢板，如16MnL（含16MnREL），09MnREL、06TiL、08TiL、09SiVL和宝钢生产的B320L、B420L和B510L等。

本节着重介绍生产车架和车轮的热轧钢板。

3.2.2.1 梁用热轧高强度钢板

热轧高强度钢板主要用于载货汽车车架纵梁和横梁、车厢的纵梁和横梁以及制动盘等受力结构件和安全件。载货汽车车架用钢如图3-13所示。目前这些零件用热轧高强度钢板的抗拉强度分别为390MPa和510MPa，经过多年的开发和应用研究，我们对这些钢板的工艺性能和强度性能已有深入的了解，并建立了我国汽车用热轧高强度钢板系列，如锰钢和锰稀土钢系列、硅钒钢系列、含钛钢系列和含铌钢系列。

1. 锰钢和锰-稀土钢系列

我国载货汽车生产初期，汽车纵梁用退火的30Ti热轧钢板生产。由于退火后，30Ti钢板的强度低，表面脱碳严重，致使纵板的强度低，汽车早期在行驶中出现断裂。改用16MnL热轧钢板后，由于抗拉强度的提高，疲劳性能得到了改善，使用寿保命明显提高。16MnL

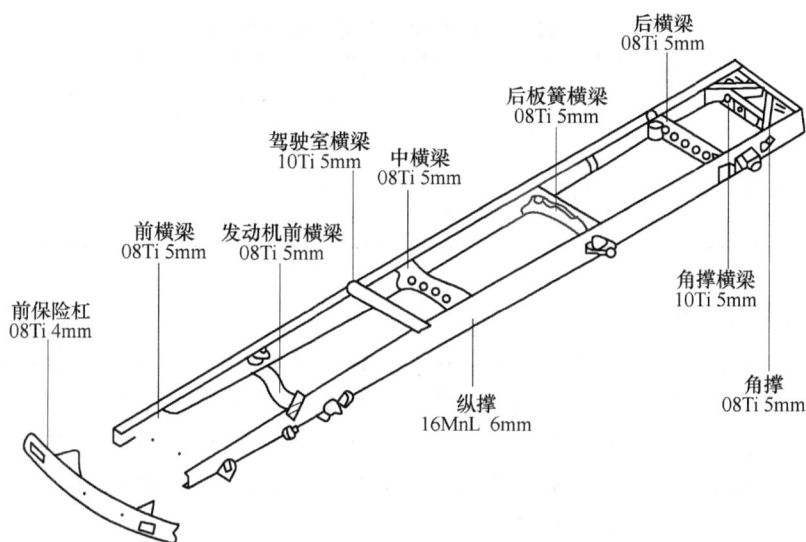

图 3-13　5T 载货汽车车架用钢情况

和 30Ti 钢板的成分和性能见表 3-10。

表 3-10　16MnL 和 30Ti 钢板的成分和性能

| 钢号 | 供应状态 | 化学成分(质量分数,%) | | | | | | σ_s /MPa | σ_b /MPa | $\delta(\%)$ | 180°弯曲试验 | σ^{-1} /MPa |
		C	Si	Mn	P	S	Ti					
16MnL	热轧	0.12 ~ 0.20	0.20 ~ 0.60	1.20 ~ 1.60	≤0.035	≤0.035	—	≥355	510 ~ 610	$\delta_5 \geq 24$	$d = a$	24.1
30Ti	退火	0.25 ~ 0.33	≤0.08	0.50 ~ 0.80	≤0.045	≤0.045	0.05 ~ 0.08	≥314	440 ~ 550	$\delta_{10} \geq 17$	$d = a$	19.3

在锰钢中加入稀土元素,可以控制硫化物的结构,改善冲压性能。冲制车架横梁用的 09MnREL 钢板的成分、性能和实冲结果见表 3-11。

表 3-11　09MnREL 钢板的成分、性能和实冲结果

| 钢号 | 化学成分(质量分数,%) | | | | | | σ_s /MPa | σ_b /MPa | $\delta_5(\%)$ | 实冲结果 | |
	C	Si	Mn	P	S	RE				零件名称	成品率(%)
09MnREL	0.08 ~ 0.10	0.40 ~ 0.50	0.80	0.009 ~ 0.015	0.008 ~ 0.015	0.005 ~ 0.006	294 ~ 318.5	421 ~ 436	33 ~ 35	中横梁	100
										前横梁	100

2. 硅-钒系热轧钢

我国钒的资源非常丰富,开发钒钢系的研究很重要。20 世纪 60 年代,根据应用 Si-Cr 热轧钢板的情况,将 Si-Cr 钢调整为 Si-V 钢,并成功地应用于汽车生产。这种钢用于往复式轧制生产时,具有良好的性能和实冲结果。若用连轧机生产,其横向塑性的富裕度很大,且低温冲击韧度低于 16Mn 热轧钢板,因此在汽车上的应用存在着局限性。09SiVL 热轧钢板的

成分和性能见表 3-12。

表 3-12 09SiVL 热轧钢板的成分和性能

钢号	化学成分（质量分数,%)						σ_s /MPa	σ_b /MPa	δ_5(%)	σ_s /σ_b	横向 1800 弯曲试验 $d=a$ 合格率(%) ($b=35mm$)
	C	Si	Mn	P	S	V					
09SiVL	0.09 ~ 0.13	0.77 ~ 0.93	0.47 ~ 0.71	0.010 ~ 0.015	0.008 ~ 0.017	0.05 ~ 0.08	375 ~ 490	525 ~ 620	26 ~ 32	0.71 ~ 0.79	84.61

4. 含钛系热轧钢板

含钛热轧钢板在汽车上的用量很大。由于含钛钢板强度高，实际冲压性能好，不仅可大幅度降低汽车自重，同时，汽车使用寿命也可成倍提高。钢中加入钛，既提高钢板的强度，又可改变钢中硫化物的结构和分布。含钛钢板的冲击韧度很高。但热轧含钛钢也存在一些问题，一是钛对温度很敏感，当终轧后冷却速度控制不当，会导致含钛钢板的头、中、尾的强度波动大，形成强度分布的盆形曲线。

5. 热轧含铌钢系列

为节约合金元素，降低钢的生产成本，目前，国内外大量应用热轧含铌钢板。铌的强化能力大于钛，由于钛优先与氮化合并与硫形成钛硫化合物，直接增加了钛在钢中的含量。铌只是强化元素，要获得同级强度的钢板，钢中含铌量仅为含钛量的 1/3 左右，这个特性显示了含铌的优越性。

6. 双相钢板

其主要添加元素为 Si、Mn、Nb、Cr。已形成了 Si-Mn 系、Si-Mn-Cr 系和 Si-Mn-Mo 系，有 540MPa、590MPa 和 640MPa 三种强度级别材料，强度和延伸率都很高。延伸率好、屈服强度较低，更易变形，具有良好的冷成形性，其重要特性是具有优良的翻边性能，很适合冲压翻边性能良好的部件。

7. TRIP 钢

TRIP 钢是含有残余奥氏体的低碳、低合金高强度钢，主要化学成分为 C-Si-Mn 元素，强度级别为 500 ~ 700MPa，强度和塑性配合良好，用于生产汽车的零部件。浦项钢铁公司现在正开发 1000MPa 级 TRIP 钢并已商业化。在冷轧条件下，Nb 有利于残余奥氏体的形成。

3.2.2.2 滚型车轮用钢板

车轮是汽车重要的安全构件，它由钢板经过滚压和拉延成形或由异形断面型钢经滚圆、焊接、喷漆处理等一系列严格制造工艺而制成。无内胎滚型车轮具有精度高、重量轻、良好的动平衡性、高的疲劳寿命以及可靠的安全性等优点，因而得到广泛应用。随着国内汽车特别是轿车生产的扩大，滚型车轮用钢的用量越来越大，而且厢式车、小吨位轻型货车也采用滚型车轮，中吨位载货汽车车轮的轮辋用异形断面型钢滚圆成形，轮辐用钢板冲压成形但也有采用钢板滚压成形的趋势，因此滚型车轮用钢板将成为汽车用钢板的重要品种，有的钢厂如宝钢已将车轮用钢板列入汽车零配件钢板标准之中。

1. 滚型车轮的生产工艺和对钢板的性能要求

车轮主要由轮辐和轮辋两个零件组成，它们的生产工艺不同，图 3-14 和图 3-15 分别示出了它们的生产工序。从图中看出，轮辐生产的关键工序是三次拉延成形，因此要求钢板有良好的拉延成形性能；而轮辋生产的关键工序是对焊和焊后的三道滚压成形及随后的扩张，因此要求基体金属、焊缝和热影响区有良好的滚压成形性能。

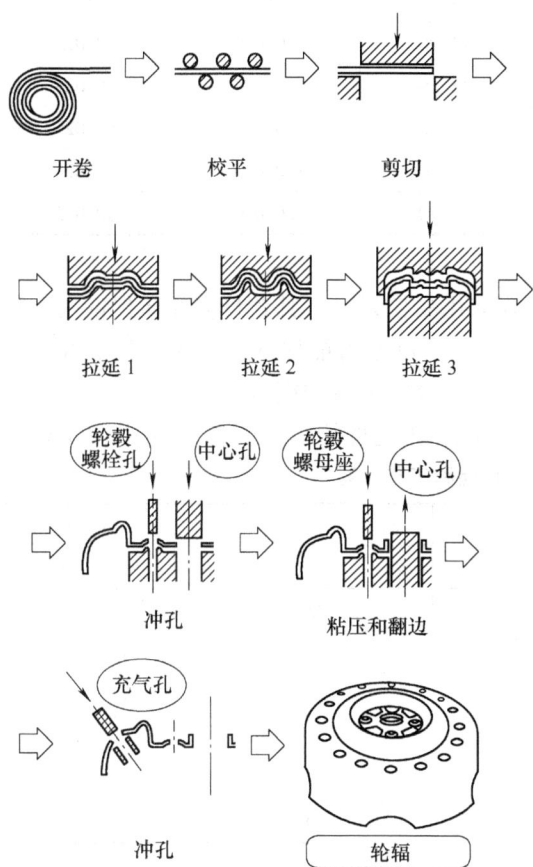

图 3-14 轮辐的生产工艺

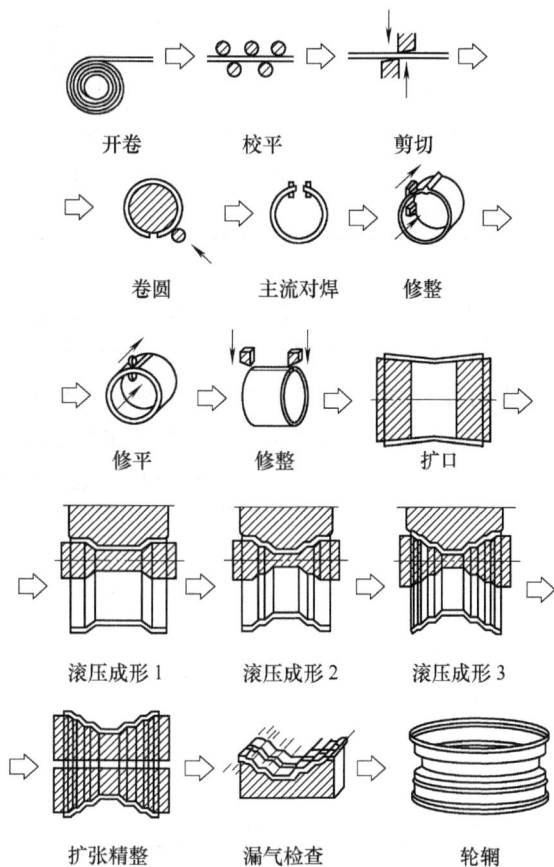

图 3-15 轮辋的生产工艺

这两种零件所用的钢材对工艺性能有不同的要求，所以要分别选用或开发轮辐用钢与轮辋用钢。

2. 滚型车轮用钢板标准

（1）钢的牌号表示方法 钢的牌号由代表最小抗拉强度值和车轮的汉语拼音的首位字母"CL"两部分组成。

例如：380CL

其中 380——规定抗拉强度最小值，单位为 N/mm^2；

CL——车轮汉语拼单的首位字母。

（2）技术要求

① 牌号和化学成分。见表 3-13。

表 3-13 车轮用钢的牌号和化学成分

牌 号	化学成分（质量分数,%)				
	C	Si	Mn	P	S
330CL	≤0.12	≤0.05	≤0.50	≤0.030	≤0.025

（续）

牌 号	化学成分（质量分数,%）				
	C	Si	Mn	P	S
380CL	≤0.16	≤0.30	≤1.20	≤0.030	≤0.025
440CL	≤0.16	≤0.35	≤1.50	≤0.030	≤0.025
490CL	≤0.16	≤0.55	≤1.70	≤0.030	≤0.025
540CL	≤0.16	≤0.55	≤1.70	≤0.030	≤0.025
590CL	≤0.16	≤0.55	≤1.70	≤0.030	≤0.025

为改善钢材的性能，可加入铝、钒、铌、钛等细化晶粒元素，其含量应在质保证书上标明。钢中的残余元素镍、铬、铜含量应各不大于0.3%，供方若能保证可不做分析。经供需双方协商，并在合同中注明，可供应其他牌号和化学成分的钢板和钢带。

② 力学性能和工艺性能。钢板和钢带的力学性能和工艺性能应符合表3-14中的要求。

表3-14 车轮用钢的力学性能和工艺性能

牌 号	抗拉强度 R_m/（N/mm^2）	屈服强度 R_d/（N/mm^2）	断后伸长率 A(%)	冷弯180°
		不小于		$b=35mm$
330CL	330~430	225	33	$d=0.5a$
380CL	380~480	235	28	$d=1a$
440CL	440~550	290	26	$d=1a$
490CL	490~600	325	24	$d=2a$
540CL	540~660	355	22	$d=2a$
590CL	590~710	420	20	$d=2a$

③ 表面质量。钢板和钢带表面不得有裂纹、结疤、折叠、拉裂、气泡、夹杂和压入氧化铁皮缺陷存在。钢板和钢带不得有分层。

如有上述表面缺陷，允许清理，其清理深度不得超过钢板厚度允许公差之半。并应保证钢板和钢带的最小厚度，清理处应平滑无棱角。

其他缺陷允许存在，但应保证钢板和钢带的最小厚度。钢带允许带缺陷交货，但有缺陷部分不得超过每卷总长度的8%。

本 章 小 结

1. 汽车冲压材料的性能要求：强度高，成形性好，质量轻，可焊性好，表面光培，质量均匀，板厚均匀。

2. 汽车冲压材料的两大种类：冷轧薄钢板和冲压用热轧钢板。其中冷轧薄钢板常用种类有：铝镇静钢板、IF钢板、TRIP钢板、DP双相钢板、BH钢板、镀层钢板、激光拼焊钢板；冲压用热轧钢板主要有梁用热轧高强度钢板和滚型车轮用钢。

3. 汽车冲压材料的选用原则：所选材料首先应满足零件的使用性能要求；所选材料要有较好的工艺性能；所选材料要有较好的经济性。

思考与练习

1. 简述汽车冲压材料的基本要求?
2. 汽车各部位零件对冲压材料有哪些要求?
3. 冷轧薄钢板常用材料有哪些? 简述在汽车车身制造中的应用情况?
4. 冲压用热轧钢板有哪些? 用于制造汽车上的哪些零件?

第4章
汽车覆盖件冲压工艺与模具

学习目标 ▶

1. 认识汽车覆盖件表示方法。
2. 学会汽车覆盖件的冲压工艺设计。
3. 认识汽车覆盖件常用冲压工艺及相关模具结构。
4. 认识典型汽车覆盖件工艺设计及模具结构。

4.1 汽车覆盖件的冲压工艺

4.1.1 汽车覆盖件表示方法

如图4-1所示，由于汽车覆盖件多为复杂的空间曲面，不能用几个视图或剖面就把覆盖件各点的位置和尺寸表达清楚。因此必须辅以主模型或者直接利用CAD中的计算机几何造型技术，用解析数学式和坐标数据信息来表示汽车覆盖件的完整形状尺寸，进行模具设计和制造。

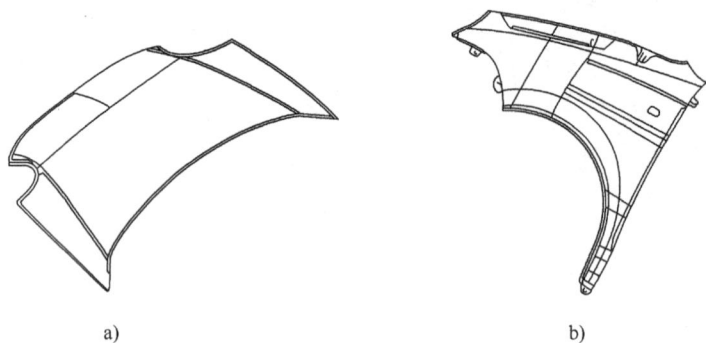

a)   b)

图4-1 汽车覆盖件简图
a）发动机盖外板 b）右翼子板

1. 覆盖件图与主模型

（1）汽车线 覆盖件及汽车车身（包括飞机、船体）的图形都是以三组互相正交的直线为基准来绘制的，这三组基准线在汽车制造行业就称为汽车线（如图4-2所示），它们包括水平线、纵线及横线。

1）水平线（Water line）——常简写为 WL。水平线是以底盘表面为零点$\left(\frac{WL}{0}\right)$，向上方向是 100、200、300……，向下为 -100、-200、-300……。

2）纵线（Bow line）——常简写为 BL。纵线是以车身中心为零点$\left(\frac{BL}{0}\right)$，向两侧是 100、200、300……。

3）横线（Transverse line）——常简写为 TL。横线是以前轴（轮）中心为零点$\left(\frac{TL}{0}\right)$，向前方向是 -100、-200、-300……，向后为 100、200、300……。

以汽车线为基准绘图，尺寸线较简单，便于表明零件的坐标位置和安装位置，并且由于车身零件在制造过程中常以汽车线为基准，这样就为设计、绘图与制造的统一，提供了很大的方便。另一方面由于以汽车线为基准，有时要把某些零件的形状表示清楚会增加标注的复杂性，因此还要求生产者进行一些尺寸的换算。

（2）覆盖件图　覆盖件图是以汽车线为基准，仅表示一些主要投影关系，标注覆盖件的外轮廓尺寸及某些孔凸包的特征尺寸的图样。它不能将覆盖件所有相关点的位置

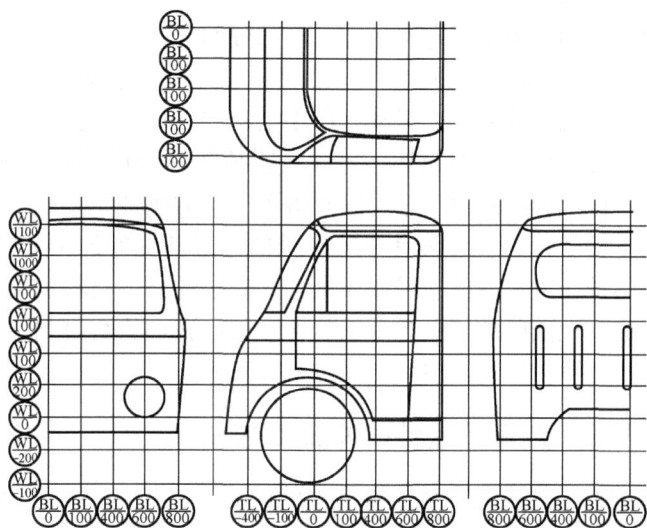

图 4-2　汽车线

都表示出来，否则将使图形繁乱、尺寸线过多而模糊不清，难以使用。

（3）覆盖件的主模型　覆盖件的主模型（简称主模型）是覆盖件图的补充，它是能够真正完整地表示覆盖件的立体模型。

主模型是按主图板上的投影图和剖视图做出单个覆盖件内表面形状的立体模型。为了满足制造模具的需要，主模型都是按覆盖件内表面形状来制作的，如要按覆盖件外表面形状来制作主模型，必须特别提出并加注说明。

主模型既是制造覆盖件冲模、焊装夹具和检验夹具的标准，又是覆盖件检查、焊装夹具和检验夹具调整的不可缺少的标准样品。一般由容易加工、具有一定硬度和不易变形的材料来制造，常用的主模型材料有木材和塑料两类。

2. 计算机几何造型（数据模型）

随着计算机辅助技术（CAD/CAE/CAM）的不断发展，利用几何造型技术来设计和表示汽车覆盖件已成为主流发展趋势，它将逐步取代传统的设计方法和图样。

该方法的要点就是利用计算几何学原理，通过解析数学方程式和坐标来描述几何元素，生成曲线和曲面。

因为覆盖件形状复杂，必须利用曲线、曲面的处理技术来准确地表达其形状。常用的规

则曲线有直线、圆弧、椭圆、抛物线等，不规则曲线有 Bezier 曲线、B 样条曲线等。常用的曲面可用曲线生成方法得到，也可用一些拟合、倒圆、修剪、延伸等方法来间接生成曲面。

3. 冲压对覆盖件的要求

（1）表面质量　覆盖件表面上任何微小的可见缺陷都会在涂漆后引起光的漫反射而影响外观，因此覆盖件表面不允许有波纹、起皱、凹痕、擦伤和其他破坏表面完美的缺陷。覆盖件上的装饰线和筋条要求清晰、平滑、左右对称和过渡均匀。覆盖件连接处的装饰棱线，衔接应吻合流畅，不允许参差不齐。

（2）尺寸和形状　覆盖件的尺寸和形状应符合覆盖件图和主模型的要求。覆盖本身是立体曲面，同时覆盖件组成车身时，有些空间曲面是由两个或多个相互装配衔接的覆盖件共同构成的，因此只有覆盖件过渡部分的尺寸与主模型一致，才能使衔接处曲面光顺、一致。

（3）刚性　在覆盖件拉延成形过程中可能会由于材料的塑性变形不够，导致覆盖件的一些部位刚性差，受振动后产生空洞声。用这样的覆盖件装车，会在汽车行驶中产生振动，造成覆盖件的早期损坏。另外，这种塑性变形不够、刚性差的拉延件在修边以后会产生变形，但后继的翻边工序可以改善覆盖件的刚性。

（4）工艺性　设计覆盖件时应考虑其良好的工艺性。覆盖件的工艺性主要表现在覆盖件的冲压成形性能、操作安全性、焊装性能、材料利用率以及对材料性能的要求。覆盖件冲压成形性能的关键是拉延工艺性。以后我们将会讲到，增加必要的工艺补充部分等方法是改善拉延工艺性的措施。

4.1.2　汽车覆盖件的冲压工艺设计

工艺设计即针对具体覆盖件的形状、结构特点安排成形工序步骤，考虑相应的模具结构，选择材料规格，并考虑材料利用率及选择合适的设备。覆盖件冲压工艺设计的基本原则与用其他加工方法制造其他产品的工艺设计基本原理是相同的，即技术上可行、经济上合理。

覆盖件的成形一般由落料（或剪切）、拉延、修边、翻边、整形、冲孔、弯曲、胀形、切口等基本工序按需要排列组合而成，典型结构的覆盖件一般需要 4～6 道工序。

图 4-3 所示为发动机罩外板冲压工序流程，第一道工序为拉延工序，第二道工序为修边冲孔，第三和第四道工序为翻边。

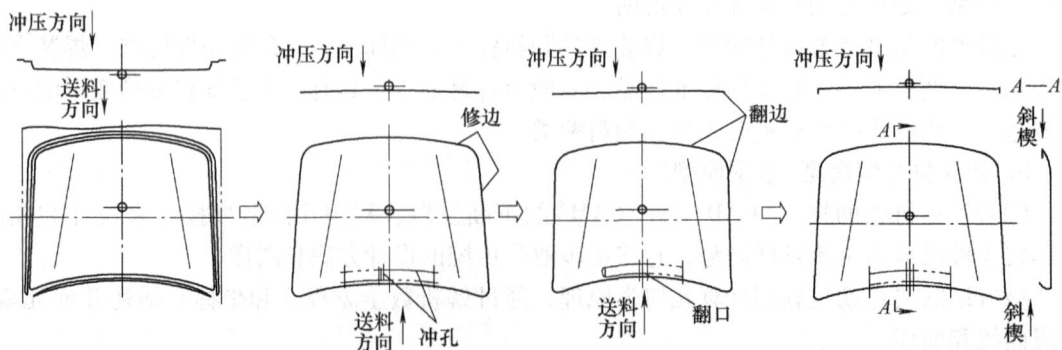

图 4-3　发动机罩外板冲压工序流程

图 4-4 所示为某车前排前地板冲压工序流程，它由 4 道冲压成形工序完成：第一道为拉延工序；第二道为切边、冲孔工序；第三道为冲孔、翻边工序；第四道为冲孔工序。

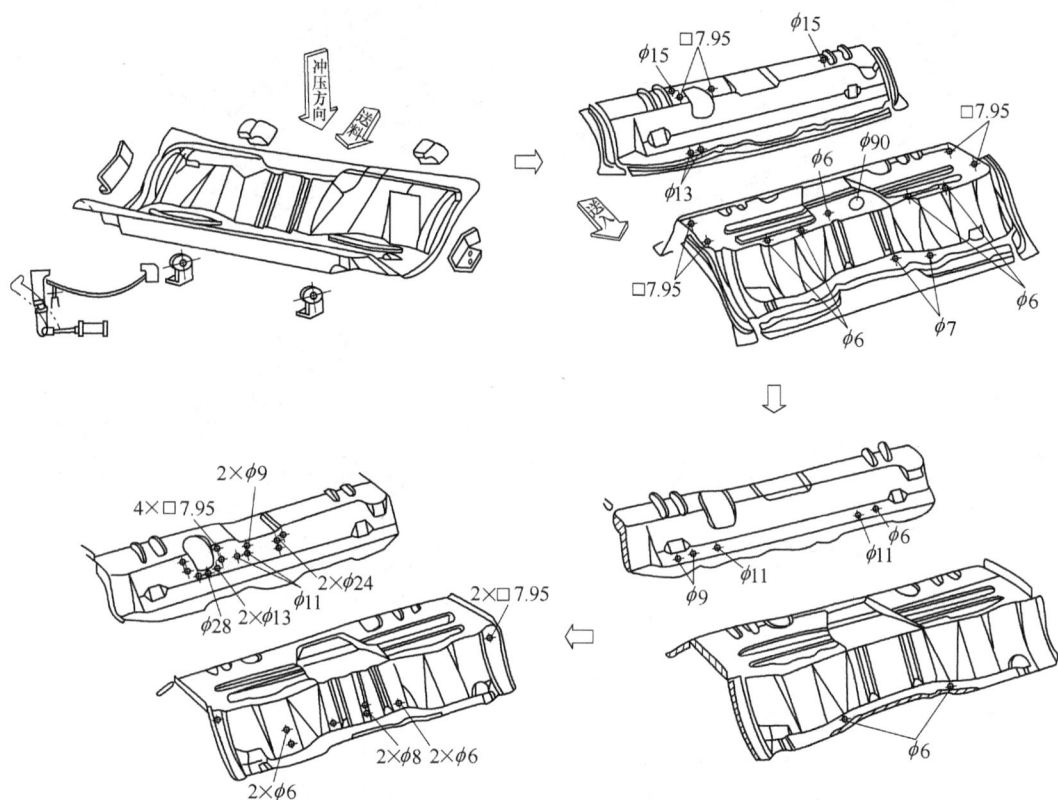

图 4-4　前排前地板冲压工序流程

图 4-5 所示为前风窗下横梁制件简图，其 4 道工序的工作内容示意图如图 4-6 所示。

1. 工艺设计基础

（1）工艺设计的准备

1）原始材料准备。工艺设计前除需准备常规设计的有关工艺手册（如冲模设计手册、机械制造工艺手册、技术标准……）外，还需要查阅的资料及实物如覆盖件图，主模型或者实物，生产批量和交货期，生产线有关设备型号、参数和附属装置情况，所收集、整理的类似覆盖件的成形性能和生产情况，原材料的性能、规格及材料纤维方向等。

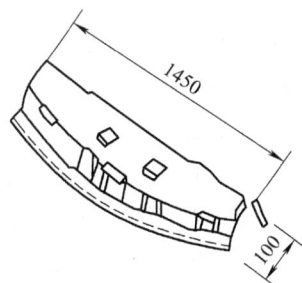

图 4-5　前风窗下横梁
制件简图

2）覆盖件图、模型或实物的分析研究。首先，应该了解该覆盖件的作用、强度、表面质量要求及其与相关零件的装配关系等。其次，应分析以下问题：

① 覆盖件的工艺性。覆盖件有无成形困难的局部形状（急剧变化、负角面等）。在许可的情况下，尽量满足原设计要求，但当成形有困难或不能保证稳定批量生产时，应该与设计部门协商进行修改（从材料的许用变形程度、设备、模具制造及操作等方面考虑）。图 4-7 所示是中立柱外板（下）零件的局部，采用了零件断面急剧变化改缓的措施，是既满足使用要求，

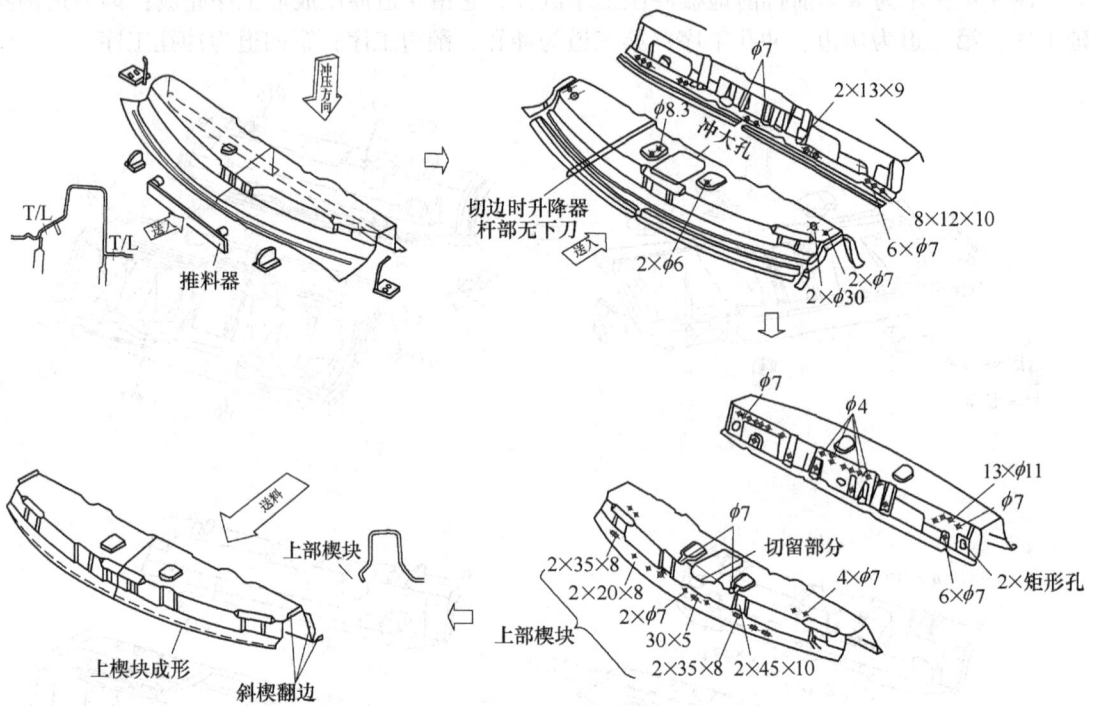

图 4-6 前风窗下横梁冲压工序流程

又避免产生缺陷而改变制件图的示范例。

② 覆盖件的重点。作为外覆盖件,要求外表面连续,并与相邻表面均匀过渡,如果外表面存在不连续状,表面质量将恶化,经喷涂装饰后尤其明显。

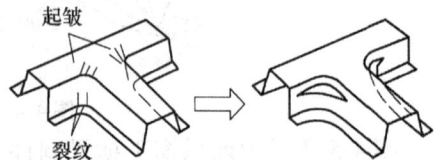

图 4-7 使断面急剧变化改缓

作为内覆盖件,一般对表面状况要求不高,但对尺寸精度要求较高,在焊接面上不应有起皱、回弹等情况发生。

③ 局部细节(如孔、孔距、凸凹、凸缘、加强筋等)的精度。修边、压弯、成形的边缘圆角半径是否适当,压弯成形角部分是否多料。

④ 其他情况。例如:料厚公差、毛刺高度及毛刺方向、材料的纤维方向、板材利用率等。

通过以上分析研究,初步确定覆盖件图及其公差。但在后来的模具设计、模具制造和调试阶段仍有可能改变覆盖件的形状。

(2) 工艺设计 工艺设计需要研究的主要问题包括以下几个方面:

① 研究冲压成形性能及加工方法、加工性能。

② 设计工序最少且又能满足覆盖件性能要求的方案。大批量生产时,应尽量把多工序合并成一道工序,小批量则用单工序模。

③ 初步确定模具结构及影响强度、寿命的尺寸。

④ 根据覆盖件的大小计算冲压力,决定各工序所使用的设备。

⑤ 以冲压为主重新讨论工艺设计。因为即使是最好的设计师,也不可能精通所有部门的工作,通过讨论则可收集到大量的第一手资料,从而提高设计水平。分析讨论时要邀请质

量控制、模具制造、调试和使用等部门的人员参加，并做好记录。

⑥ 经济分析以降低成本、提高效率为目的。

上述各项在实际进行时是互相关联的，不能分开单独研究。

（3）加工工艺和工序设计的基本原则　加工工艺和工序设计的基本原则是：

① 外覆盖件的同一表面尽可能一次成形，如果分两次成形，在交接处会残存不连续的面，这样表面喷涂装饰后外观效果不良。内覆盖件同相邻零件的配合形状尤为重要。

② 覆盖件上的焊接面不允许存在起皱、回弹等成形质量问题。对不规则的形状只能考虑用拉延成形制出焊接面，当采用弯曲工序制作焊接面时，应该选择没有变薄的冲压方向为弯曲方向。

③ 覆盖件在主成形工序之后，一般为修边、翻边等工序，在进行主成形工序的坯料形状尺寸和成形工艺设计时，应充分考虑为后续工序提供良好的工艺条件，包括变形条件、模具结构、零件定位及送料和取件等。

④ 覆盖件上的孔一般应在零件成形之后冲出，以防先冲制的孔在成形过程中发生变形。如果孔位于不变形或变形极小的部位时，也可在零件成形前冲出。

⑤ 要尽量避免制件在工序之间的回转和反转。对制件刚性差或往下道工序传送有困难的工序应放在最后，并设法使每道工序装料、卸件的作业时间均等。

为了缩短制造周期，完成一个覆盖件的全套冲模的工序件在冲模中的位置应尽量一致，即使改变也应为 90°或 180°的改变。否则，就需要在冲模制造准备工作中为符合加工要求而改变主模型的冲压方向，这需要增加很多时间和物质消耗。

工序数直接关系到压力机数量、工装数量、传送装置数量以及占地面积、人员和维修工作量等，实践证明覆盖件工序数越少，技术经济效果越好。一个覆盖件从板料到零件的过程中，各道工序尺寸和形状如何逐次变化可用加工要领图表示。

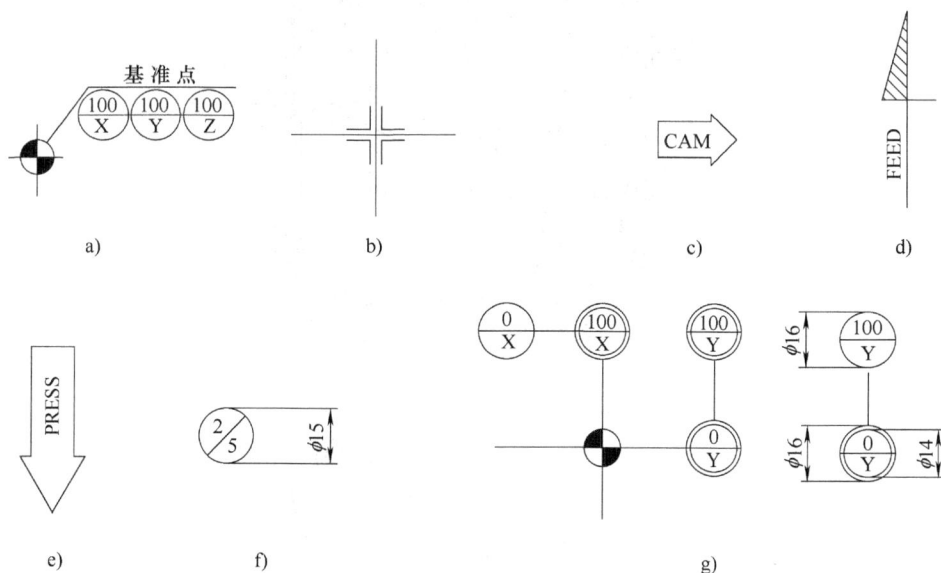

图 4-8　DL 图中的通用符号
a）基准点　b）冲模中心线　c）斜楔方向　d）送料方向
e）冲压方向　f）工序顺序　g）基准线

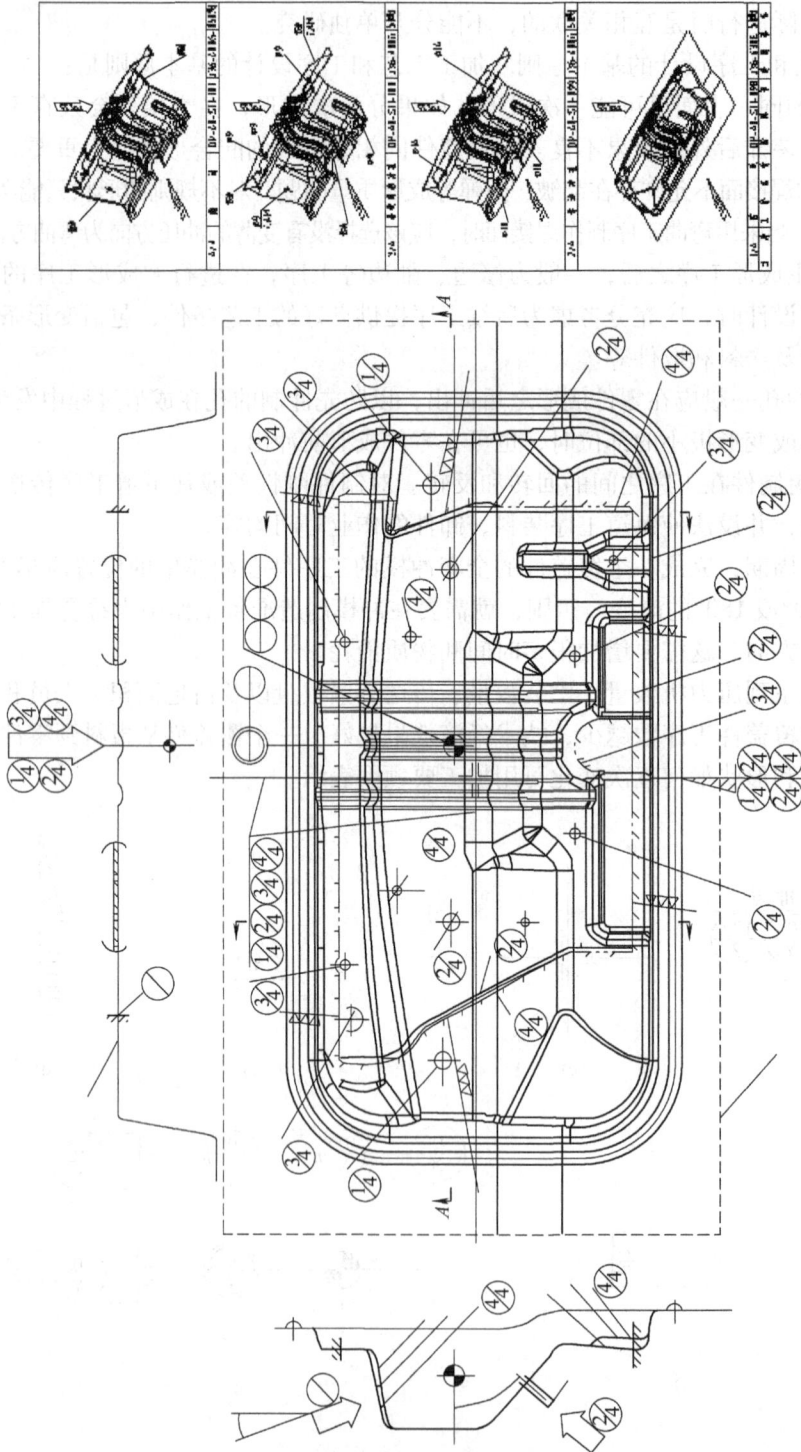

图 4-9　DL 图

2. DL 图

DL 图(DIELAYOUT)即冲压工艺过程图,是指对某汽车覆盖件产品的形状、尺寸进行科学分析后,制订出最合理的冲压工艺方案,并对各工序模具设计提出总布置的一种先进方法。它冲破了传统的单工序各自设计、制造、调试的生产方式,避免了此生产方式带来的各种弊病。DL 图中的通用符号如图 4-8 所示。

如图 4-9 所示,DL 图包括工序简图、模具布置图和附注。

4.2　汽车覆盖件拉延工艺与模具

4.2.1　拉延工艺

1. 拉延工艺特点

与简单零件相比,汽车覆盖件的拉延工艺特点包括。

① 简单零件(形状对称、深度均匀)可用拉延系数研究拉延次数和工序尺寸,汽车覆盖件大多由复杂的空间曲面组成,成形时坯料各部分的变形状态差别很大,而且甚为复杂,各处应力也很不均匀,因此,不能用拉延系数来判断和计算它的拉延次数和拉延的可能性。目前,主要是通过类比的方法,经生产调整、试验来确定,而且覆盖件不希望经过多次拉延,一般采用双动压力机一次拉延而成。

② 通常简单零件的压边面积比其余部分面积大,只要压边力调节合适,便能防止起皱。而覆盖件形状复杂,深度不匀,又不对称,压力面积比其余面积小,因而需要采用拉延筋(槛)来加大进料阻力,或是利用拉延筋(槛)的合理布排,改善板料在压边圈下的流动条件,使各区段金属流动趋于均匀,才能有效地防止起皱。

③ 简单零件拉延时,因变形区(凸缘区)的变形拉力超出传力区的(侧壁与底部过渡区)危险断面强度而导致破裂是主要问题,而有些覆盖件由于拉延深度浅(如车门外板),拉延时材料得不到应有的伸长变形,容易起皱,且刚性不够,需采用拉延槛来加大压边圈下板料的流动阻力,从而使其主要以胀形的方式变形,增大塑性变形程度,保证零件在修边后弹性畸变小、刚性好,避免汽车在运动时零件发生振动和噪声。

④ 为了保证覆盖件在拉延时能经受最大限度的塑性变形而不致产生破裂,对原材料的力学性能、金相组织、化学成分、表面状况和厚度精度等都有很高的要求。

⑤ 需要较大和较稳定的压边力,广泛采用双动压力机,除可得到约为主滑块拉延力以上的压边力外,还可根据需要在压边圈四角对压边力进行调节。

以下从拉延方向、工艺补偿与工艺切口、压料面等方面来讨论拉延工序的工艺要素。

2. 拉延方向

汽车覆盖件的产品图通常是按照安装位置绘制,多数情况下与拉延方向不一致,所以拉延设计前必须选择一个最合适的位置使之有利于冲压过程的顺利实现。

(1) 拉延方向的确定原则

① 保证凸模顺利进入凹模,不会产生死角(或称负角)。

② 开始拉延时,凸模与毛坯的接触状态应使接触面尽可能大,尽量是平面,且在拉延模中心,接触点更多且分散,最好同时接触,或先与坯料中部接触,然后向四周扩大。这样可避

免由于应力集中产生的毛坯破裂、受力不均匀导致的毛坯窜动、拉延过程不稳定等现象的发生。

③ 使压料面各部位进料阻力均匀。如果进料阻力不均匀，在拉延过程中，毛坯会经凸模顶部窜动，影响表面质量，严重时将产生破裂。要保证进料阻力均匀，必须做到拉延深度均匀、毛坯平放、拉入角相等、纵横截面平衡，尽量使成形力和材料流入量均衡分布等。

④ 应能有效防止侧壁挠曲、提高材料的利用率及制件表面质量。

（2）选择方法　判断凸模能否顺利进入凹模，常用如图 4-10 所示的旋转方法。取工件有代表性、表明工件形状特

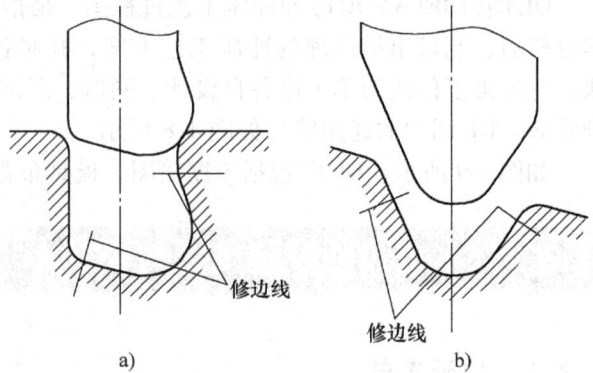

图 4-10　确定拉延方向
a）凸模多于一个交点　b）凸模只有一个交点

征的截面线，旋转截面线寻找一个可行方向，即利用一条竖直线从某一截面线起点处开始平移至终点，如在整个过程中此竖直线与截面线的交点只有一个，则此时凸模能顺利进入凹模，此方向可行；如有多于一个交点的则不可行（如图 4-10a 所示），旋转截面线，直至如图 4-10b 所示，则可行。

3. 工艺补偿与工艺切口

（1）工艺补偿　覆盖件的形状复杂，结构不对称，直接成形较困难。有些宽幅而平滑的大面积形面的外覆盖件，因材料刚性不足会引发起鼓。在这种情况下设置必要的工艺补偿会有利于改善拉延件的工艺性，提高拉延件的质量。工艺补偿是拉延必不可缺少的部分，拉延完成后修切去。确定拉延工艺补偿应考虑：使拉延深度尽量浅、尽量利用垂直修边、工艺补偿部分应尽量小。

如图 4-11 所示为常用的工艺补偿方法。图 4-11a 所示的修边线在拉延件的压料表面上，

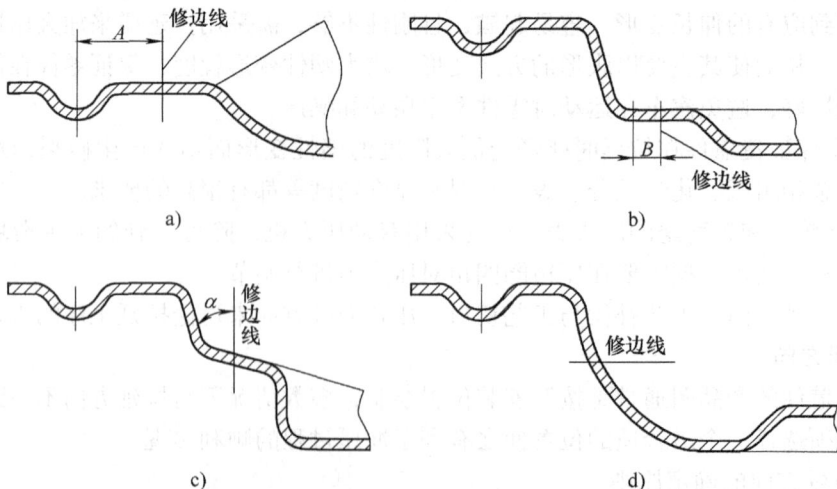

图 4-11　工艺补偿
a）修边线在拉延件的压料表面上　b）修边线在拉延件底面上
c）修边线在拉延件翻边展开斜面上　d）修边线在侧壁上

垂直修边，压料面本身就是覆盖件的凸缘面；在拉延模的使用中由于压料面要经常调整以及由于压料筋的磨损面需打磨压料筋，为了不致因上述两点而影响到修边线，因此修边线距压料筋的距离 A 应有一定数值，一般取 25mm。图 4-11b 所示的修边线在拉延件的底面上，垂直修边。修边线距凸模圆角半径 R6 的距离 B 应保证在使用中不致因凸模圆角的磨损而影响到修边线。B 值一般取 3~5mm。图 4-11c 所示的修边线在拉延件翻边展开斜面上，垂直修边。修边方向和修边表面的夹角 α 不小于 50°。图 4-11d 所示的修边线在侧壁上，水平修边或倾斜修边，一般用在侧壁上有孔存在的情况，修边和冲孔同时完成。

（2）工艺切口　工艺切口的使用与工艺补偿正好相反，它是针对局部变形剧烈，或者存在反向拉延件而采取的工艺手段。

工艺切口和工艺孔常设在拉应力最大的拐角处，且与局部凸起边缘形状相适应，以便材料合理流动。如汽车车门的窗口处（如图 4-12 所示），因窗口四周拉延变形量较大，拉延毛坯上有工艺切口，拉延时有助于材料向外侧流而无过大的牵制。

一般工艺切口在模具工作过程中冲出，也可在坯料上预先剪出，以改变成形时的应力状态，

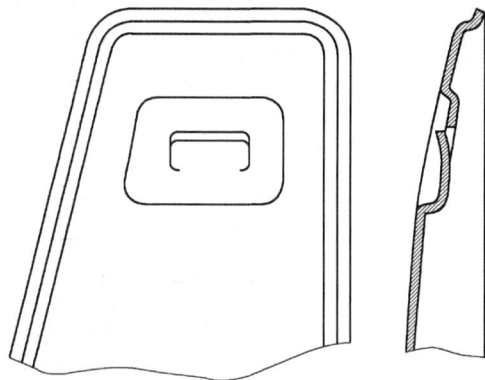

图 4-12　工艺切口

使局部变形减轻。工艺切口和工艺孔必须设置在工艺补偿上或产品零件形状之外，在修边冲孔时去除。

4. 压料面

设置压料面是为了使板料受到顶压力，使板料在拉延时增加拉应力，改善拉延条件，因此合理的压料面能使材料在压料面下不会起皱，拉入凹模的材料不会破裂。

选择压料面应保证：

（1）保证各部分进料阻力均匀　进料阻力不均匀，在拉延过程中毛坯有可能沿凸模顶部窜动，严重时会产生破裂和皱纹。而达到进料阻力均匀的一个前提就是拉延深度均匀。如图 4-13 所示，两种拉深方向产生的拉延深度不同，其中图 a）拉延深度不均匀，而图 b）较均匀。

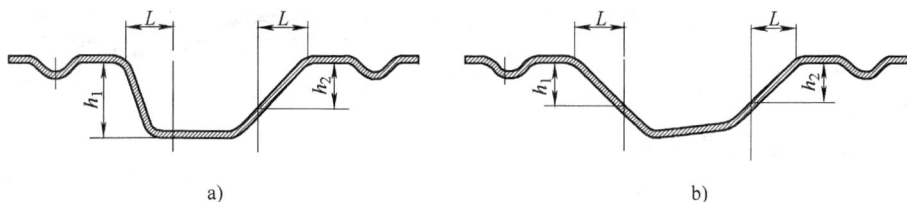

图 4-13　拉延深度

a）拉延深度不均匀　b）拉延深度较均匀

（2）使凸模相对两侧的拉入角相等　压料面选择和拉延方向选择密切相关，选择了正确的拉延方向必然要有一个合理的压料面，否则会事倍功半。当两者发生矛盾时，可通过增加或调整工艺补偿来达到拉延方向正确、压料面合理的目的，提高冲件的拉延质量。

4.2.2 拉延模具

1. 汽车覆盖件拉延模分类

汽车覆盖件拉延模和一般中、小件拉延模有明显区别，由于工件尺寸大、形状复杂、变形状态复杂，因而其模具结构有它自身的特点。通常，汽车覆盖件拉延模根据使用的设备不同，可分为采用单动压力机的单动拉延模（如图 4-14 所示）和采用双动压力机的双动拉延模（如图 4-15 所示）两大类。

如图 4-14 所示，单动拉延模虽然具有结构简单，制造成本低的特点。但是，单动拉延模有压边量小、压边力只能整体调节、拉延深度浅、卸料装置非刚性导致偏斜而无法压料等不足，所以只应用于小型覆盖件的拉延中。实践中，中、大型覆盖件拉延多用双动拉延模。

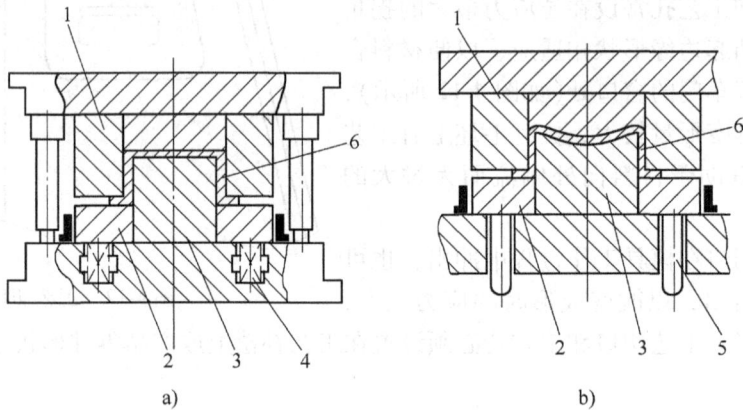

图 4-14 单动拉延模

a) 弹簧压边形式 b) 气垫压边形式

1—凹模 2—压边圈 3—凸模 4—弹簧 5—托杆 6—拉延制件

虽然汽车覆盖件形状复杂，导致确定拉延工艺方案和绘制拉延件图时比较复杂，但是双动拉延模的结构较简单。如图 4-15 所示，双动拉延模主要由四大部分组成，即凸模、凹模、压料圈和固定座。凸模 2 通过固定座 3 安装在双动压力机的内滑块上，压料圈 1 安装在双动压力机的外滑块上，凹模 4 安装在双动压力机下台面上，凸模与压料圈之间、凹模与压料圈之间都有导板导向。

2. 汽车覆盖件拉延模结构

如图 4-16 所示为一覆盖件拉延模结构图，其结构特点如下：

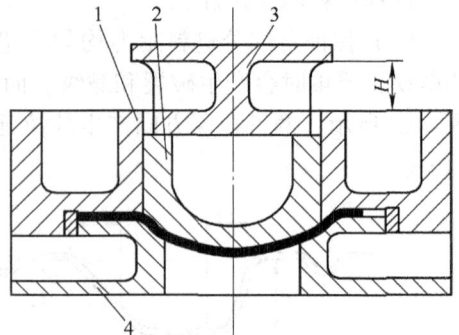

图 4-15 双动拉延模结构示意

1—压料圈 2—凸模 3—固定座 4—凹模

（1）采用薄壁轻型的铸造结构 大、中批量生产条件的拉延模均采用铸造结构，其中拉延凸模、凹模、压边圈三大件均为 Mo-Cr 铸铁，可保证其使用总寿命在一百万次以上，还能保持制件的精度要求。对于中等批量生产条件，可采用 HT250、HT300 灰铸铁制造。

采用铸造结构，尽量减小壁厚，是为了排除废料、起吊、加工紧固、安装零件、配套等多种用途设计各种型芯孔，以减小模具重量。

（2）可靠的导向结构　上、下模之间采用导板导向，压边圈和凹模之间则有导柱、导套导向，压边圈与凸模之间则采用内导板。这种多重导向可以保证模具间隙的均匀性及拉延凸模、凹模型面的贴合性，从而保证拉延的可靠及制件的质量。

（3）拉延筋结构　覆盖件拉延模需要设置拉延筋，且方向应与材料流动方向垂直。位置设置在上压料面上，拉延筋的槽设置在下压料面上，这样便于材料安放和定位。设置拉延筋能增加压料面上各部位的进料阻力，调整毛坯金属的流向。

（4）排气装置　随着拉延过程的进行，凹模内及制件与凸模间的空气不排出就会影响制件的质量。压边圈将毛坯压紧在凹模压料面上，如果凹模内的空气不能排出压缩的空气就会把工件顶瘪，因此凹模内设置了通气孔。拉延后凸模首先向上运动，但压边圈仍停留在原有位置，若空气不能及时流入工件和凸模之间，工件将紧贴凸模，并随凸模向上运动，使拉延件沿轮廓向上鼓起而使工件形状破坏，因此在凸模上设置了排气管。

（5）送出料装置　大型覆盖件料薄尺寸大，送料很不方便，工件表面极易碰伤，工人劳动强度也大，影响工作效率的提高。所以覆盖件拉延模通常设置送出料装置，如图 4-16 所示的滚轮装置。

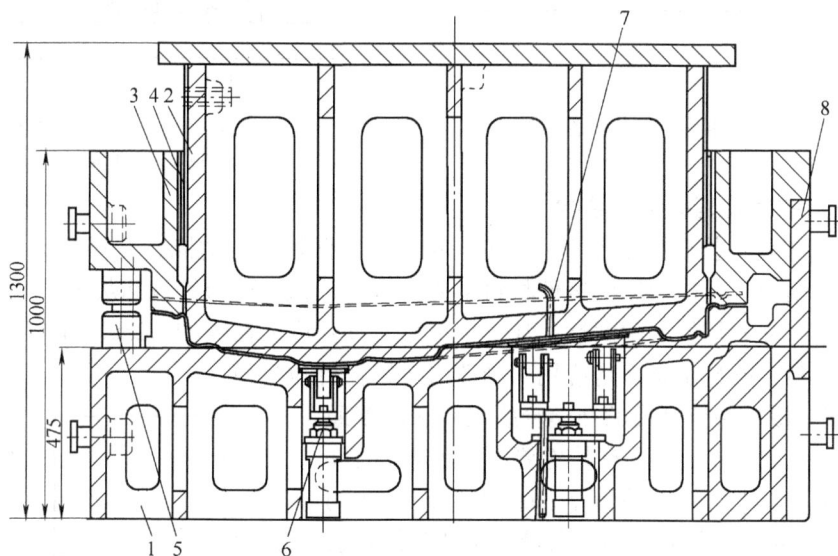

图 4-16　汽车覆盖件拉延模

1—凹模　2—凸模　3—压边圈　4—内导板　5—导柱、导套
6—气动托件滚轮装置　7—排气管　8—自润式导板

拉延模的凸模、凹模、压料圈和固定座都采用铸件，要求既要尽量减轻重量又要有足够的强度，因此铸件上非重要部位应挖空，影响到铸件强度的部位应添加立筋。如图 4-17 所示，图中所示为拉延模结构尺寸参数图。凸模工作表面和轮廓一般应保持 70～90mm 的距离，为了减少轮廓面的加工量，轮廓面的上部应有 15mm 空挡毛坯面，凹模和压料圈上的压料面一般应保持 75～100mm 的距离，压料圈内轮廓上部为减少加工量也应向外有 15mm 的空挡毛坯面，两个零件的立筋断面厚度应在 45～70mm 之间。压料面 K 值在拉延前及拉延时毛坯的压料宽度的基础上加大 40～80mm，保持在 130～240mm 范围内。

冲模的闭合高度应适应双动压力机的规格。内滑块除凸模上装有固定座外还备有垫板，垫板与内滑块紧固，固定座安装在垫板上。人工安装时，要求固定座上平面高于压料圈上平面 350mm 以上，以便于安装工卧装。外滑块备有下垫板、下台面和上垫板。上垫板紧固在外滑块上，压料圈安装在上垫板上。图 4-18 所示为在双动压力机上安装冲模时所采用的垫板。

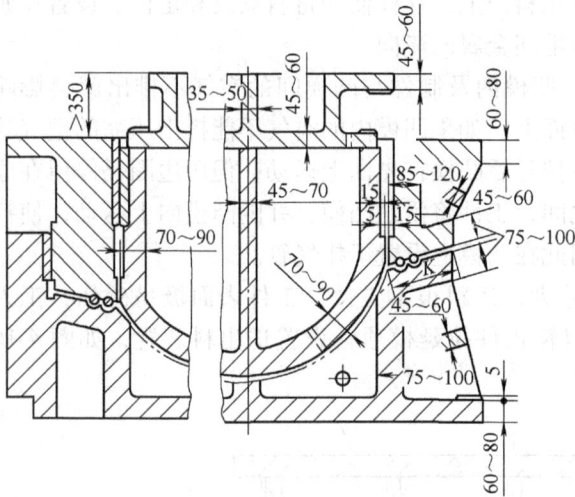

图 4-17　拉延模结构尺寸参数图

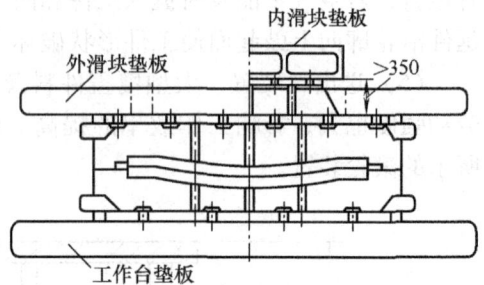

图 4-18　在双动压力机上
安装冲模时所用的垫板

3. 汽车覆盖件拉延模零件结构

（1）工作零件　拉延模工作零件主要是指凸模、凹模、压边圈，其尺寸大且形状复杂，只能采用铸造结构。目前采用的铸件材料主要有合金铸铁、球墨铸铁和灰铸铁。铸铁中的石墨起润滑作用，又有较好的耐磨性，加工性也好。高强度灰铸铁如 H250、H300 也是比较理想的拉延模材料，已越来越多地应用于制造汽车覆盖件拉延模。

1）凸模。覆盖件拉延模的凸模轮廓尺寸和深度通常就是产品图尺寸（除工艺上有特殊要求，如翻边的展开或工艺补充）。如图 4-19 所示，凸模工作部分肋的厚度为 70～90mm，为了减少加工余量，保证凸模轮廓尺寸，缩短整修工时，在凸模上沿压料面有一段 40～80mm 的直壁必须加工，直壁向上用 45°斜面过渡，缩小距离 b 为 15～40mm 是不加工面。

2）凹模设计。拉延件上的装饰棱线、装饰肋条、装饰凹坑、加强筋、装配凸包、凹坑等，一般都是在拉延模上一次成形的。因此凹模结构除凹模压料面和

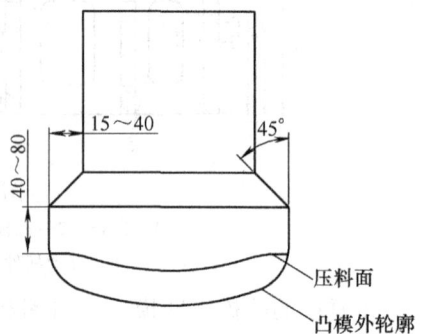

图 4-19　凸模外轮廓

凹模圆角外，内部还装有局部成形用的凸模或凹模，它们也属于凹模结构的一部分。根据凹模型腔的结构不同，拉延模的凹模可分为闭口式凹模和通口式凹模两种。

① 闭口式凹模。如图 4-20 所示，拉延模凹模就是闭口式凹模，其口部为直壁，靠凸模拉延成形。拉延件上有加强筋，为此，必须在凹模里装有成形加强筋用的固定式镶件。该模具拉延的制件为顶盖，其拉延深度较小，又没有直壁，因此没有设置顶件装置。

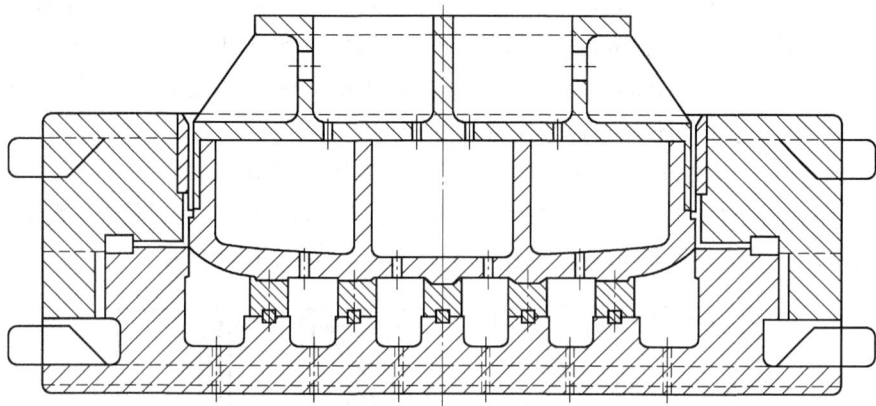

图 4-20　闭口式凹模结构

② 通口式凹模。凹模型腔中装有反拉延用凸模和成形装饰凹坑等用的凹模(顶出器)，其下面放置弹簧兼起顶出拉延件用。为了反拉延能压料，因此反拉延凸模应是固定的，顶出器是活动的，凹模内腔是贯通的，下面加模座，反拉延凸模紧固在模座上，这种结构称为通口式凹模结构。如图 4-21 所示，门里板拉延模的凹模即为通口式凹模结构。

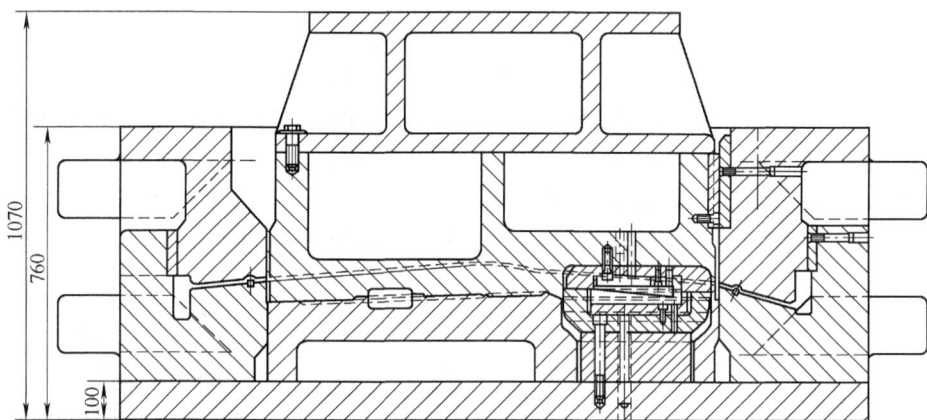

图 4-21　门里板拉延模

通口式凹模结构，用于拉延件形状较复杂、坑包较多、棱线要求清晰的拉延模。通口式凹模中的顶出器外轮廓形状，是制件形状的一部分，且形状比较复杂。

凹模压料面宽度如图 4-22 所示，K 值应在拉延前拉延毛坯的展开料宽度的基础上加大 $40 \sim 60mm$，一般在 $130 \sim 240mm$ 范围内。

③ 排气孔。如上所述，拉延过程中必须将气体排出，以避免导致缺陷。一般凹模非工作表面或以后要修边的废料部位钻直径为 $20 \sim 30mm$ 的空气孔 $2 \sim 6$ 个，相应地在凹模底面铣出空气槽，使空气从左右面排出，如有可能也可在凹模两侧铸出空气孔。凸模上钻直径为

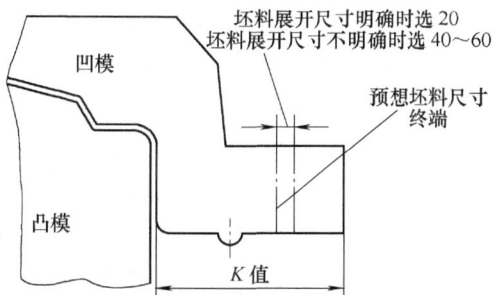

图 4-22　凹模压料面的确定

20~30mm 的排气孔 2~6 个，或铸直径为 60~120mm 的空气孔 2~4 个。如果在凸模工作表面上钻空气孔，其直径应小于 6mm，圆周直径 50~60mm 均布 4~7 个成一组。同时相应地在固定座上钻直径为 20~30mm 的空气孔，或者在凸模侧壁毛坯面上铸直径为 100~200mm 的空气孔 2~6 个，这些孔还有减轻凸模重量的作用。

（2）导向零件　双动拉延模的导向有内导向和外导向之分。

1）内导向　拉延模中凸模与压边圈之间的导向称为内导向。内导向一般由 4~8 组对称导板组成，并尽可能地对称布置，安排在平直部位，如图 4-23 所示。

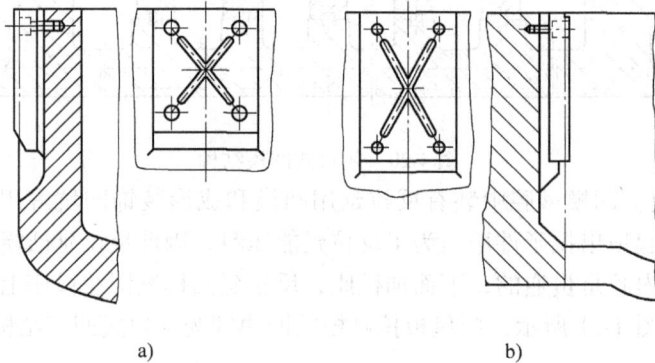

a)　　　　　　　　　　　　　b)

图 4-23　导板结构

a）凸模导板结构　b）压边圈导板结构

在生产实践中，内导向可以将导板安装在凸模上（如图 4-24a 所示），也可以安装在压边圈上（如图 4-24b 所示），还可以在凸模与压边圈上安装双向导板（如图 4-24c 所示），至于如何选择应根据机床的加工条件确定，压边圈导板的加工深度不宜大于 250mm。为了降低加工深度，可以将导板尺寸加长装在凸模上，相应的压边圈凸台长度可以缩短，如图 4-25 所示。

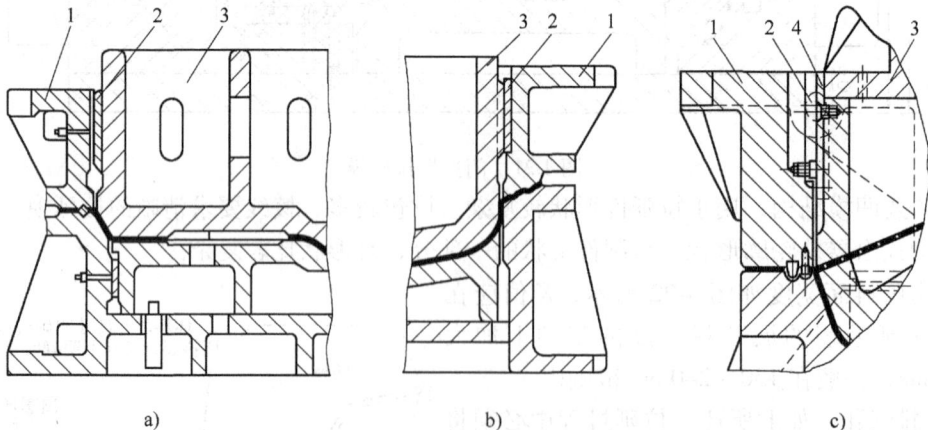

a)　　　　　　　　　　　b)　　　　　　　　　　c)

图 4-24　双动拉延模凸模与压边圈导向结构

a）凸模装导板结构　b）压边圈装导板结构　c）双向导板结构

1—压边圈　2、4—导板　3—凸模

如图 4-25 所示，凸模外轮廓加 3mm 为导板面。拉延开始时，导向面接触应大于 50mm（如图 4-25a 所示）。拉延结束时，凸模导板不应脱离压边圈导向面（如图 4-25b 所示）。

凸模外轮廓与压边圈内轮廓之缝隙为 3 ~ 4mm，凸模导板与压边圈导向间隙为（0.3 ± 0.05）mm。

2）外导向。在拉延模中，凹模与压边圈的导向称为外导向，其常用结构是凸台与凹槽滑配，作用、原理类似于导柱、导套导向。为了减少磨损，凸台与凹槽上应安装导板。导板结构如图 4-26 所示，为了便于导板进入导向面，同时考虑到加工方便，将导板进入导向前的一端加工成 30°斜面，在不装导板的凸台和凹槽上加工成 45°倒角。导板材料为 T8A，淬火硬度为 52 ~ 56HRC。

凹槽导向面的长、宽尺寸分别为 A、B，如图 4-27 所示，由压料面宽度 C 来确定，见表 4-1。原则上 B 约为 C/3。如果有明显侧向力产生时，可适当加大 A 值，以增加导向接触面积，修正 F 值。模具触料前 30mm，导向开始导入。

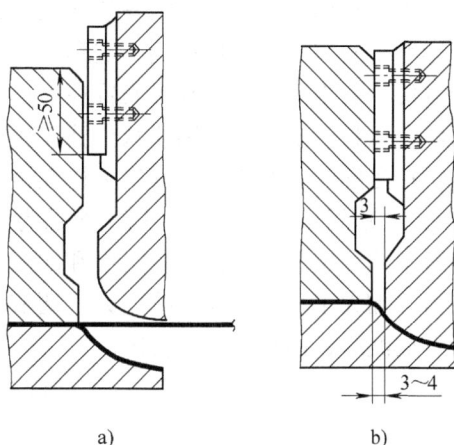

图 4-25　凸模导板导向结构图
a）拉延开始　b）拉延结束

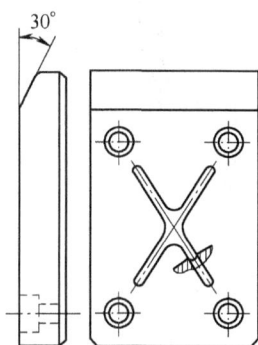

图 4-26　30°斜面的导板结构

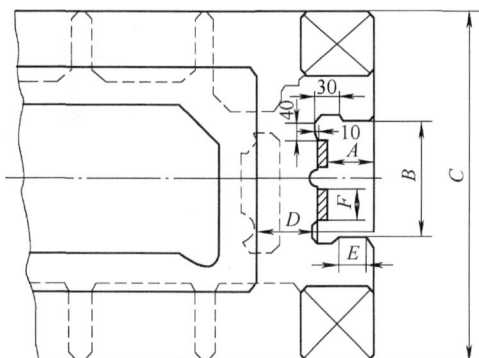

图 4-27　凹槽导向尺寸

表 4-1　凹槽导向尺寸的确定　　　　　　　　　　　（单位：mm）

C	B	A	E	F
<1000	300	130	60	100
1000 ~ 1250	400	130	80	100
1250 ~ 1500	500	155	100	160
1500 ~ 2000	600	180	120	160
>2000	700	180	120	160

（3）拉延筋　拉延筋在汽车覆盖件的冲压成形中占有非常重要的地位，它能增大进料阻力，避免因冲压件刚度不够而导致的回弹、松弛、扭曲、波纹等缺陷，同时也能控制各向材料流动速度和进料量，调节阻力分布，降低对模具刚度和设备吨位等要求。

1）拉延筋的布置。拉延筋可以安装在凹模压料面上，也可以安装在压边圈上，其安装位置对拉延效果影响不大。但是，在压力机上调整冲模时，一般不打磨拉延筋，所以最好安装在压边圈的压料面上，而拉延筋槽设置在凹模压料面上，可便于打磨和研配。

若压料面就是覆盖件本身的凸缘时，经常打磨凹模上的拉延筋槽，凹槽压料面损耗快，会影响拉延深度。当损耗到一定程度时，则存在危险，这时拉延筋的布置就需要考虑维修是否方便，若维修容易，则可安置在上模压边圈压料面上；若维修困难，则拉延筋应安装在下面凹模压料面上。如此则能减少凸模压料面的损耗。

拉延筋的分布需要根据实际情况设置，通常有如下3种情况：

① 整圈拉延筋。如图4-28所示为后翼子板内轮挡泥罩拉延件，如果不用拉延筋，冲压时非常不稳定，在凸模圆角附件和四周直壁上经常形成波纹。放整圈拉延筋后，增大了进料阻力，加大了材料的径向拉应力，调节了材料的塑性变形，从而防止了大圆弧的凸模圆角附近形成波纹，而且使拉延稳定。

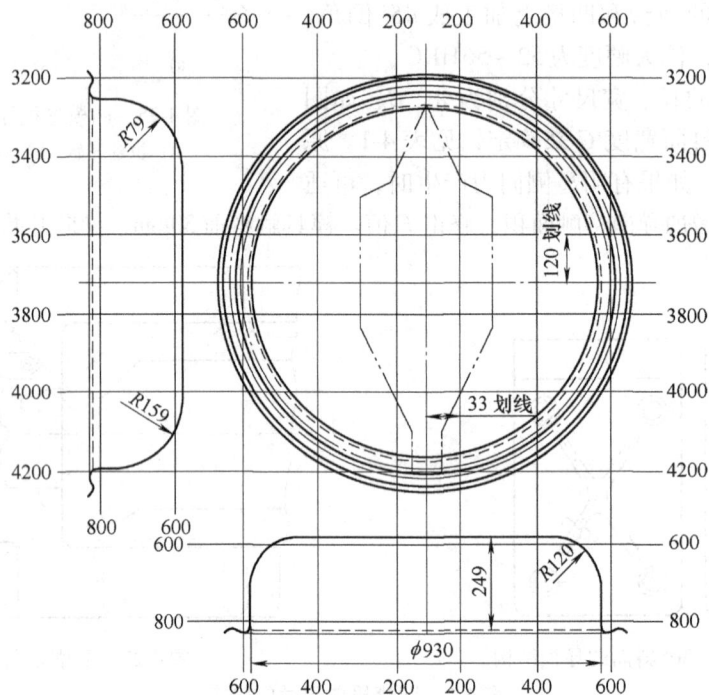

图4-28 后翼子板内轮挡泥罩拉延件

② 进料阻力小的部位设置拉延筋。如图4-29所示为汽车油箱拉延件，为了避免圆角部分破裂，可以采用可调节的外滑块结构。但是，这样会在直线部分的直壁上形成大量波纹，因为调节外滑块四角的高低，使圆角部分的压边力比直线部分小是不可能的。如果在直线部分设置一条或两条拉延筋，增大直线部分的进料阻力，使直线部分和圆角部分的进料阻力趋于一致，既可避免圆角部分产生破裂，又可消除直线

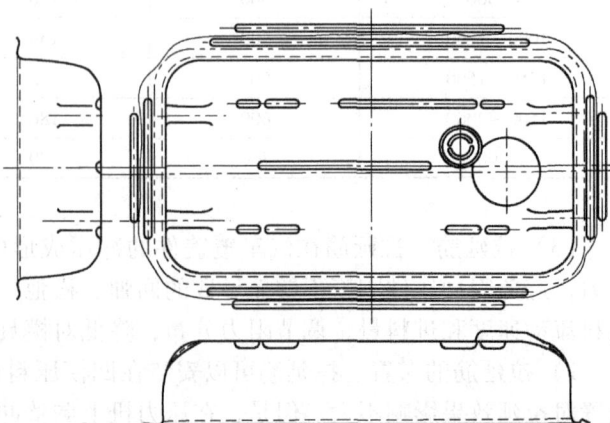

图4-29 汽车油箱拉延件

部分形成波纹。

③ 在需要进料力小的位置设置拉延筋。如图 4-30 所示为汽车油箱底壳拉延件，由于拉延高度相差较大，在拉延深度浅的部位设置一条拉延筋，阻止该部位的材料拉入凹模中，以防止形成波纹。

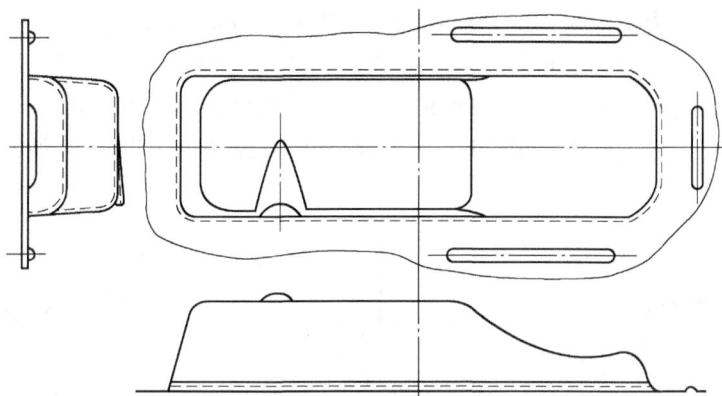

图 4-30　汽车油箱底壳拉延件

2）拉延筋的结构尺寸。如图 4-31 所示为常用的各种拉延筋的结构尺寸。

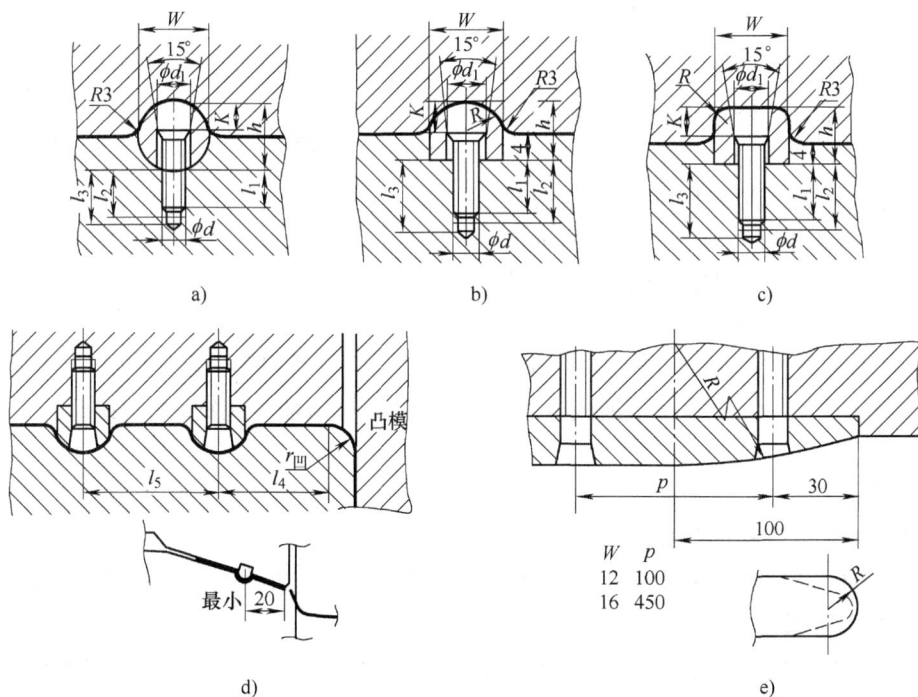

图 4-31　拉延筋结构

a）圆形嵌入筋　b）半圆形嵌入筋　c）方形嵌入筋　d）双筋结构图　e）双筋纵向剖面图

4.3 汽车覆盖件修边工艺与模具

4.3.1 修边工艺

修边工序是指将为保证拉延成形而在冲压零件的周围增加的工艺补偿工序。该工序是保证汽车覆盖件零件尺寸的一道重要工序，修边线的确定是该工序的关键。按修边线形状分，修边工序可分为封闭曲线修边、非封闭曲线修边、直线修边等；按修边方向可分为垂直修边（如图4-32a所示）、水平修边（如图4-32b所示）和倾斜修边（如图4-32c所示）等。

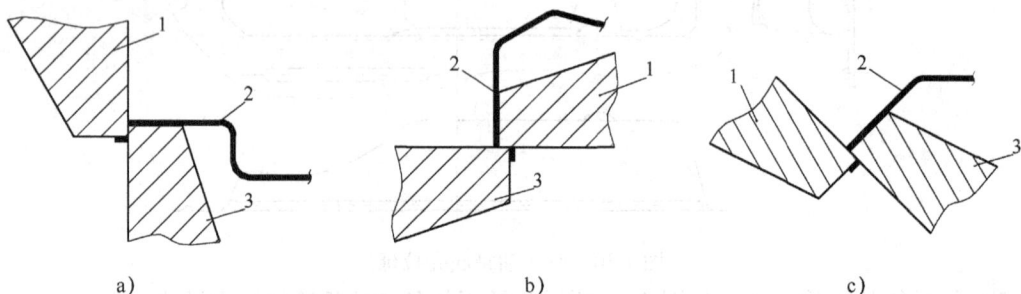

图 4-32　修边形式
a）垂直修边　b）水平修边　c）倾斜修边
1—凸模　2—工件　3—凹模

由于拉延制件的结构和修边位置的限制，许多修边部位的修边不能进行垂直修边，而与压力机滑块的运动方向成某一角度，这时所选择的修边方向应力求与拉延件型面垂直，如图4-33a所示。修边方向与制件型面的夹角不能过大，否则将出现撕裂现象，如图4-33b所示。

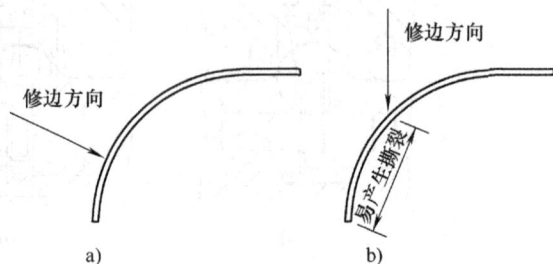

图 4-33　修边方向

修边方向的改变可以通过模具结构合理改变（如采用斜楔模）或通过增加该方向的动力装置（如增加液压缸）来实现。

4.3.2 修边模具

1. 汽车覆盖件翻边模结构

根据修边模刃口镶块的形式可分为垂直修边模、带斜楔机构的修边模和组合修边模（既有垂直修边，又有斜楔修边）。

（1）垂直修边模　修边镶块的运动方向同压力机滑块运动方向一致的修边模叫垂直修边模。在覆盖件拉延件设计时，要尽量为垂直修边创造条件。图4-34所示为常用的垂直修边模结构，其结构简单、制造容易。

（2）带斜楔机构的修边模　修边镶块作水平或倾斜方向运动的修边模叫作斜楔修边模。修边模镶块的水平运动或倾斜运动是靠斜楔的驱动而实现的，斜楔安装在上模上，由压力机带动，所以说斜楔是将压力机压力方向改变的机构。图 4-35 所示的带斜楔结构的修边模的工作部分占据较大面积，模具外轮廓尺寸大，结构复杂，制造比较困难。

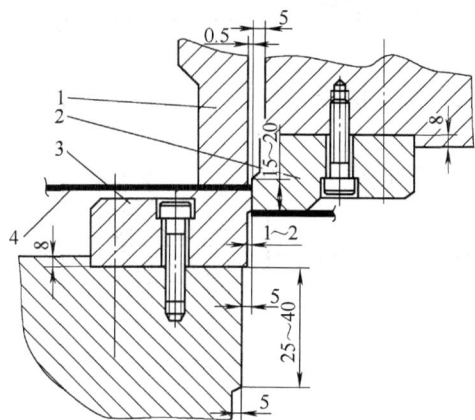

图 4-34　垂直修边模示意图
1—卸料板　2—凹模　3—凸模　4—制件

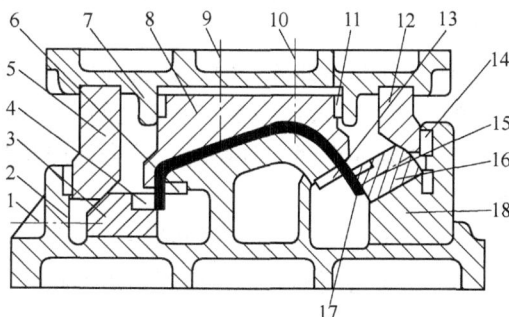

图 4-35　斜楔修边模示意图
1、15—复位弹簧　2—下模　3、16—滑块
4、17—修边凹模镶块　5、12—斜楔
6、13—凸模镶块　7—上模座　8—卸件器
9—弹簧　10—螺钉　11、14—防磨板　18—背靠板

（3）组合修边模　修边镶块的一部分进行垂直方向运动，另一部分进行水平或倾斜方向运动，这类修边模称为垂直斜楔修边模（如图 4-36 所示）。它有以下两种情况：

① 垂直方向运动和水平或倾斜方向运动的修边镶块成简单的合并。

② 垂直方向运动和水平或倾斜方向运动的修边镶块成相关的交接。

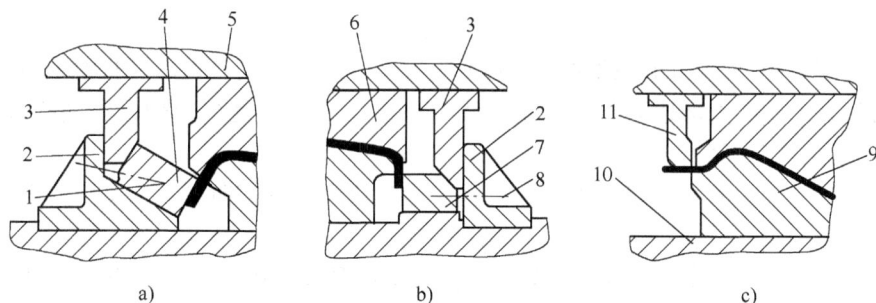

图 4-36　组合修边模示意图
a）倾斜修边部分　b）水平修边部分　c）垂直修边部分
1、8—复位弹簧　2—背靠块　3—斜楔　4、7—倾斜及水平修边凹模镶块　5—上模座
6—压件器　9—垂直修边凸模　10—下模座　11—垂直修边凹模

2. 汽车覆盖件翻边模零件结构

（1）修边镶块　因为覆盖件修边线多为不规则的空间曲面，且修边线较长。为便于制造、装配及维修，修边模的凸模和凹模常用镶块式结构。通常，刃口镶块分块遵循如下原则。

① 分块大小要适应加工条件，直线段适当长些，但最长不超过 300mm，形状复杂或拐角处的镶块短些。

② 刃口镶块之间接合面的宽度应尽量小些，以消除由于接合面制造的垂直度误差，如图 4-37 所示。斜面的倾斜度为 30° 以内时，镶块接合面应与底面垂直；倾斜度超过 30° 时，镶块接合面与刃口垂直，如图 4-38 所示。

③ 分块应便于加工，便于定位，便于装配调整，便于误差补偿。

④ 曲线与直线连接时，接合面应在直线部分，距切点应有一定的距离，一般应在 5 ~ 7mm 之间。

⑤ 必须在曲线上分块时，接合面应尽量与修边线垂直，以增大刃口强度。

⑥ 对于立边修边的易损镶块，应尽量取小值，以便更换。

⑦ 镶块为便利加工，最好为矩形块。

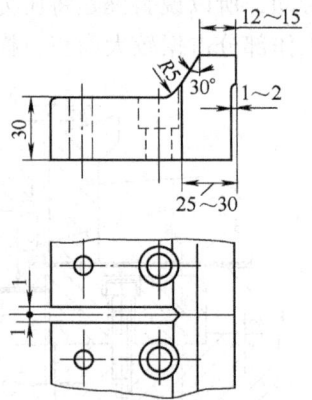

图 4-37 刃口接合面

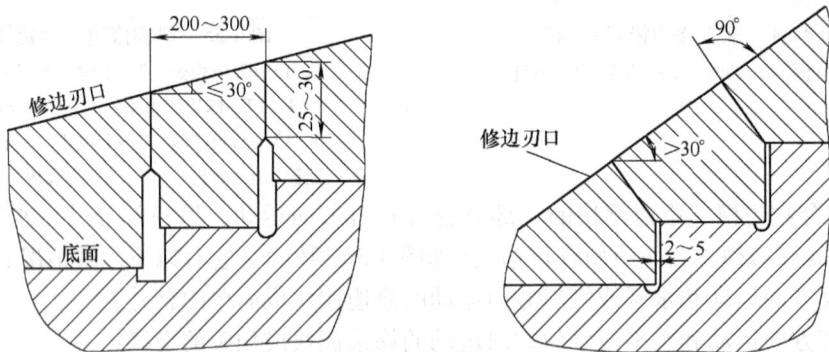

图 4-38 倾斜刃口

⑧ 凸模镶块接合面与凹模镶块接合面不应重合，以减少模具损坏，提高制件质量。

⑨ 局部为凸、凹点修边时，应采用镶块中再镶入镶块的复合结构，以消除或减小角部应力集中，延长模具寿命。

⑩ 对高度差较大的复杂修边表面，可将修边镶块底面制成阶梯状，如图 4-38 所示。

（2）斜楔机构

1）斜楔结构类型。斜楔机构是修边模中解决非垂直修边的机构。图 4-39 所示为 Face 标准中的斜楔机构，分吊冲和下冲两类。

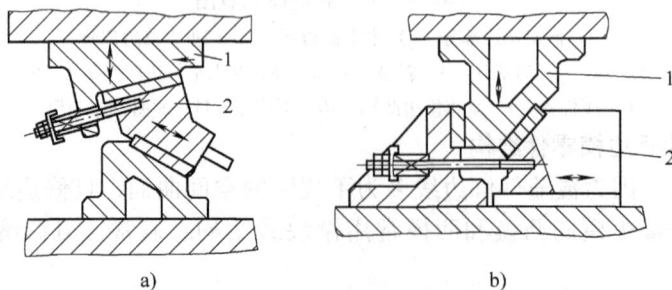

a)   b)

图 4-39 斜楔机构

1—主动斜楔 2—主动滑块

如图 4-39a 所示，吊冲是主动斜楔 1 固定在压力机滑块上。从动斜楔 2 安装在主动滑块上，它们之间可以相对滑动，但是不脱离，并装有复位弹簧。工作时，主从动斜楔一同随滑块下降，当遇到固定在下模座上的滑板时，冲动滑块沿简图方向向右下方运动，并使凸模完成冲压动作。

如图 4-39b 所示，下冲是主动滑块 2 固定在上模上。冲动滑块装在下模上，可在下模上滑动，并装有复位弹簧。工作时主动斜楔向下运动，并推动从动斜楔向右运动，带动凸模完成冲压动作。下冲也可以如图 4-40 所示作为水平修边或倾斜修边。

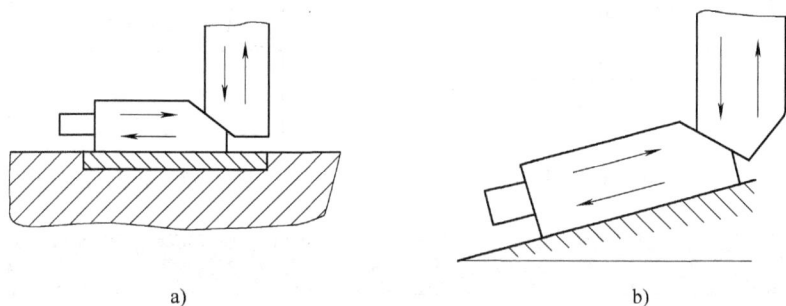

a)   b)

图 4-40　水平修边和倾斜修边
a）水平斜楔　b）倾斜斜楔

各种不同修边方式适用的场合，如图 4-41 所示。

2）主要参数。斜楔机构主要参数如下：

① 角度。如图 4-42 所示，各角度应满足如下要求：

滑动倾角：$a = 90° - a'$

斜楔角 β 必须满足不自锁，如果自锁角为 γ_0，设加速度为 0，且 $\tan\gamma = \mu$，可得出 γ_0 的近似值：

$$\tan\gamma_0 = [1 - \mu\tan(\alpha - \beta)]/[\mu - \tan(\alpha - \beta)]$$

② 从动斜楔运动距离。斜楔滑块的行程 S 是一个设计数据，它应当有足够的

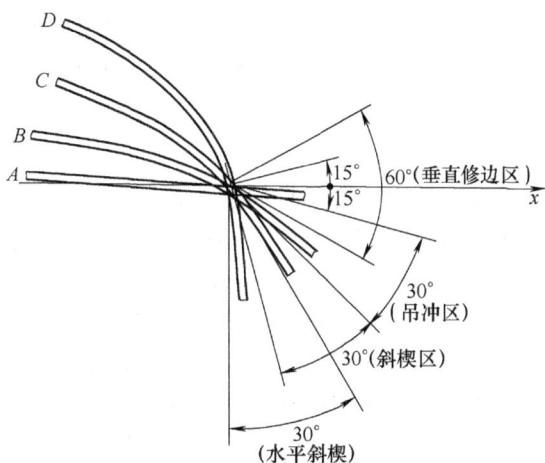

图 4-41　修边方式

上料空间，同时又要利于本工序制件的取出及废料的排除。在满足上述条件的基础上，要使行程尽量小，以减小斜楔机构的轮廓尺寸。

通常，行程 S 满足如下关系：

$S = $ 凸模进入凹模深度 + 制件边缘宽度 + (20~30)mm

主动斜楔行程与从动斜楔滑块行程的关系，如图 4-43 所示。

$$\frac{S_1}{S} = \frac{\cos(\beta - \alpha)}{\sin\beta} = \sec\beta\cos(\beta - \alpha)$$

或

$$\frac{S}{S_1} = \sin\beta\sec(\beta - \alpha)$$

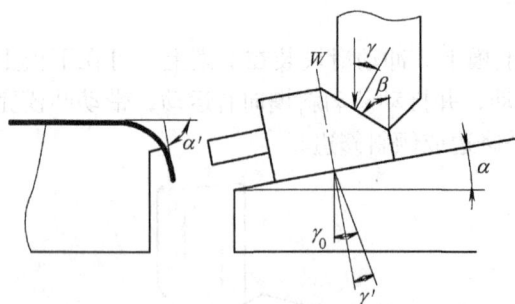

图 4-42　斜楔角度示意图

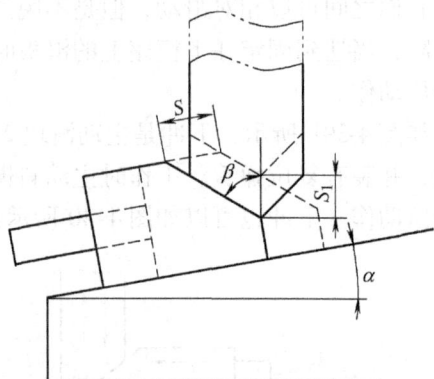

图 4-43　斜楔滑块行程关系

4.4　汽车覆盖件冲孔工艺与模具

4.4.1　冲孔工艺

覆盖件上的孔不多，外覆盖件上的孔就更少，其中多数孔能够合并在修边或其他工序中加工，这样不但可以减少工序数，而且孔位准确。冲孔能否与其他工序合并以及一个工序中能否同时冲所有的孔主要决定于孔位，实际上就是凸模运动方向和冲孔表面的关系。

冲孔工艺设计应注意如下问题：

① 大孔和小孔接近时，应先冲大孔，反之小孔会变形。

② 孔边缘的最小尺寸应保证制件不翘曲、不变形。

③ 位于弯曲线附近的孔宜在弯曲工序之后冲出。

④ 冲压方向与板面垂直为好，不得已时亦可倾斜，但只用于不要求精度的孔，可参考图 4-44，即当凸模直径在 5mm 以下时，倾斜角 α 最大取 15°；凸模直径在 5 ~ 10mm 之间时，倾斜角 α 最大取 20°；凸模直径在 10mm 以上时，倾斜角 α 最大取 30°；重负荷时，倾斜角 α 最大取 15°。冲小孔时倾斜角宜小，否则凸模易折断、凹模易损坏或磨损加剧。较好的方法是采用斜楔机构来保证良好的冲孔方向。

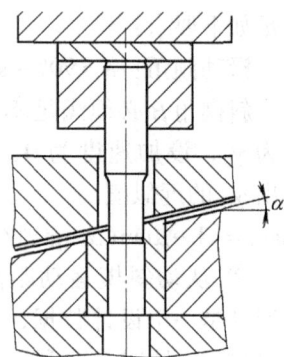

图 4-44　倾斜角的冲孔

在较大斜度的斜面上垂直冲孔时，凸模形状必须制成更大的斜角，如图 4-45 所示。为避免凸模过尖，凸模尖端应有一段小平面，否则会产生啃刀现象。冲孔时，凸模尖端刃口先进入凹模低端刃口，这样刃口反侧向力是向低面，凸模就以凹模低面刃口为反侧，逐渐进入凹模高面刃口。

⑤ 弯曲凸缘部分的孔宜在弯曲之后冲出，尤其对于必须采用变薄弯曲的制件更需如此。只有当孔的精度不高，孔的位置离凸缘边缘，或凸缘曲线部分有足够的距离时，方可在弯曲

之前冲孔。

⑥ 相关的孔宜在同一工序中冲出，若相关联的孔太多，由于模具强度及冲压方向的原因不能在同一工序中冲出时，要充分注意制件的加工基准，采取必要的措施保证公差。

⑦ 冲孔废料的处理。冲小孔时应尽量使废料往下落；冲大孔时，首先要同其他工序结合起来考虑模具结构是否可靠，有无剖分的必要。大孔的废料卸到模具外侧必须充分注意下模的强度。因而，大孔废料的卸出方向要选择模具排屑槽少的方向。如果大的废料可用来制作小零件，就应该在模具刚性容许的范围内进行整体冲压，以提高材料的利用率。

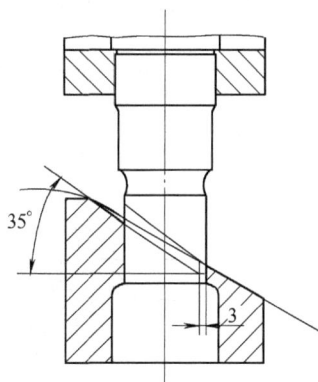

图 4-45　冲头凸模斜度

4.4.2　冲孔模具

1. 汽车覆盖件修边冲孔模的结构

如图 4-46 所示为一垂直修边冲孔模，其导向一般需采用导柱导套结构，也经常采用导柱导套与导向块(导板)结构同时使用。修边冲孔模的主体构件有铸件和钢板结构两种形式，可根据具体情况选用。

2. 汽车覆盖件冲孔模零件结构

冲孔凸模优先采用凸肩式，当凸模固定板的安装位置紧张时，也可采用如图 4-47 所示的钢球锁紧式，即在冲 7mm 以下圆孔及冲 25mm 以下异形孔(长孔、方孔、键形孔等)时采用钢球锁紧式。

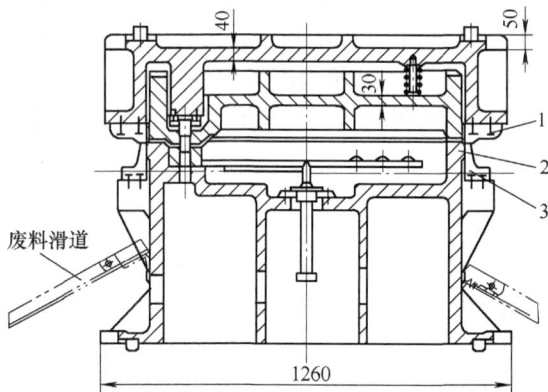

图 4-46　垂直修边冲孔模
1—修边凹模　2—修边凸模(焊接刃口)　3—废料刀

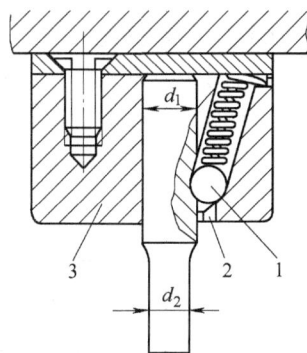

图 4-47　钢珠锁紧式
1—钢珠　2—钢珠压入孔　3—小压板

为简化卸料面的制造，卸料板的接触面可以削减，一般以距冲裁线 15mm 的范围作为接触面就可以了，但对于预计冲裁部位有回弹时，应具体分析结构后再决定接触面的大小。铸造结构的卸料板在冲孔部位的结构如图 4-48 所示。对于钢球锁紧式凸模可配用聚氨酯卸料板。

为了便于操作时观察、安装及更换凸模，应如图 4-49 所示在铸件壁部的适当位置开设通孔，若不便设置通孔，可考虑采用镶块式切刃结构，凸模采用钢球锁紧式。

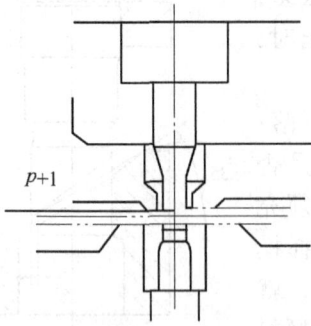

图 4-48　冲孔部位的卸料板结构

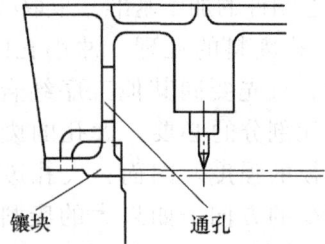

图 4-49　开通孔示意图

4.5　汽车覆盖件翻边工艺与模具

4.5.1　翻边工艺

　　通常，翻边工序是冲压件的轮廓形状或立体形状成形的最后一道加工工序。翻边部分主要用于冲压件之间相互连接（焊接、铆接、粘结等），有的翻边是产品流线或美观方面的要求。

　　翻边冲压方向不一定与压力机滑块运动方向一致，所以翻边工序首先要考虑翻边毛坯的模内位置定位。正确的翻边方向，应对翻边变形提供尽可能的有利条件，使凸模或凹模的运动方向与翻边轮廓表面垂直，以减少侧向压力，使翻边件在翻边模中的位置稳定。

　　按翻边方向不同可分为垂直翻边（如图 4-50a 所示）、水平翻边（如图 4-50b 所示）和倾斜翻边（如图 4-50c 所示），其中垂直翻边，修边件开口向上，成形稳定、定位方便，还可以采用气压垫压料，在条件允许的情况下应尽量采用。另外，按翻边面的多少可分为单面翻边、多面翻边、封闭曲线翻边。按翻边工序的毛坯变形性质可分为伸长类屏幕曲线翻边、伸长类曲面翻边、压缩类平面曲线翻边和压缩类曲面翻边。

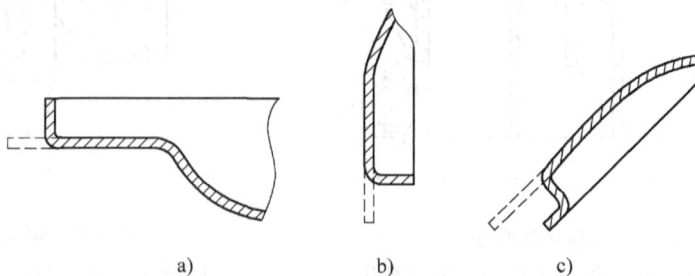

图 4-50　覆盖件的翻边
a）垂直翻边　b）水平翻边　c）倾斜翻边

4.5.2　翻边模具

　　根据翻边模结构特点，可以将翻边模分为垂直翻边模和带斜楔翻边模两大类。

1. 垂直翻边模

凸模或凹模作垂直方向运动，其结构简单。翻边后的制件可能包在凸模上，退料时需推动翻起的竖边，且必须各处同时推动，否则会造成因退料使制件变形，所以如图4-51所示需要在凸模上的适当位置布置顶件销。

2. 斜楔翻边模

（1）单侧斜楔翻边模　如图4-52所示为单侧斜楔翻边模，其工作过程为：上模下行压料块4首先将毛坯压紧在凹模1上，上模继续下行，斜楔10的斜面接触滑块19的斜面推动滑块沿导板18倾斜向下运动，镶嵌式凸模3与凹模1作用完成翻边。上模上行，滑块19在弹簧5和辅助弹簧20的作用下复位，完成一个冲压周期。因为是单侧翻边，翻边后的制件可以从凹模1上横向卸下，所以凸凹模不需要加工成相拼形式。

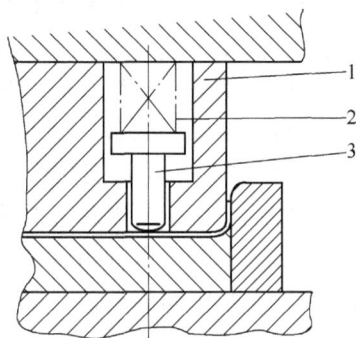

图4-51　垂直翻边模
1—凸模　2—凹模　3—顶件销

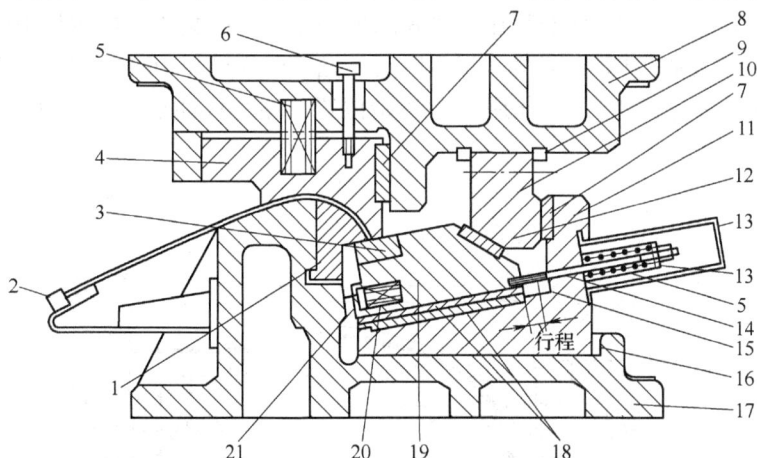

图4-52　单侧斜楔翻边模

1—凹模　2—定位装置　3—凸模　4—压料块　5—弹簧　6—定位螺栓　7、18—导板　8—上模座
9—键　10—斜楔传动器　11—后挡板　12—传动板　13—弹簧罩　14—双头螺柱　15—限位器
16—垫板　17—下模座　19—斜楔滑块　20—辅助弹簧　21—弹簧销

（2）扩张式斜楔翻边模　扩张式斜楔翻边模是指翻边完成后，制件包在凸模上无法取出，必须将凸模设计成活动可分的。在压力机滑块行程向下翻边以前，利用斜楔的作用将贴紧的凸模扩张成翻边形状后即停止不动，在压力机滑块行程继续向下时翻边凹模进行翻边。翻边以后凹模在弹簧的作用下回程，然后翻边凸模靠弹簧的作用复位，取出制件。因为凸模扩张时形似开花，所以俗称开花翻边模。

因覆盖件形状复杂，所以扩张式翻边模应用非常广泛，诸如非对称的两侧翻边、封闭翻边等翻边件都必须用到该结构。

① 双向扩张式斜楔翻边模。如图4-53所示为双向水平方向运动的斜楔翻边模，制件的双向（另一侧未绘出）翻边后，制件会包在凸模7上，无法取出，此时必须考虑凸模向翻边件内侧移动一定距离制件才能脱模。该模具工作过程为：初始状态的滑块2位于内侧，上模下行，斜楔5的斜面与滑块2的斜面接触作用，滑块2向左运动，斜楔5向右运动。斜楔滑

块相对运动到凸模7与凹模6将制件翻边完成，制件包在了凸模7上。上模上行，复位机构3和8的弹簧回弹分别带动滑块2向右运动，斜楔5向左运动，实现"开花"过程，制件即能顺利脱模。

② 封闭扩张式斜楔翻边模。封闭扩张式斜楔翻边模广泛应用于全周翻边的覆盖件中。如图4-54所示为后围上翻边压圆角的翻边凸模扩张结构。该制件的特点是中间的后窗孔已在上道工序冲出，开花的斜楔从此孔中通过。压力机滑块下行时，固定在斜楔座1上的斜楔块2通过翻边件的窗口作用于固定在滑块3上的楔块4，使滑块3扩张，而翻边

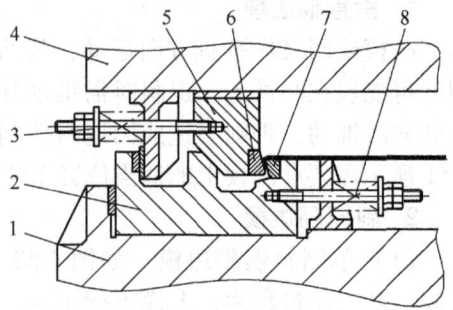

图4-53 双向扩张式斜楔翻边模
1—下模座 2—滑块 3、8—复位机构
4—上模座 5—斜楔 6—凹模 7—凸模

凸模镶块5安装在滑块3的另一端，因此翻边镶块5被扩张成翻边形状并停止不动。压力机沿滑块行程继续往下，固定在斜楔座上的滑板7作用于固定在滑块8上的滑板9，使滑块8向里运动。而翻边凹模镶块10安装在滑块8的另一端，因此翻边凹模镶块10进行翻边，同时压圆角的凸模镶块11附带压圆角。翻边以后，翻边凹模镶块10先靠弹簧12的作用返回，然后翻边凸模镶块5靠弹簧13的作用返回初始位置，缩小成能取件的形状，并用限位块限位，最后取出制件。

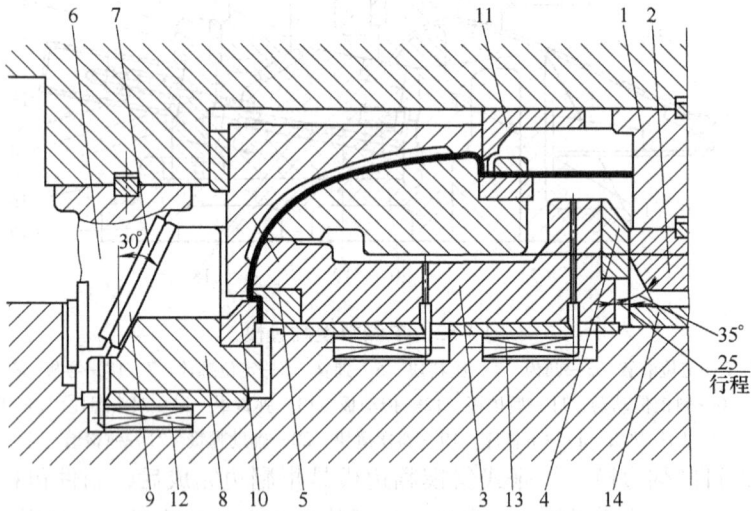

图4-54 后围上盖板翻边压圆角翻边模
1、6—斜楔座 2—斜楔块 3、8—滑块 4—楔块 5—翻边凸模镶块
7、9—滑板 10—翻边凹模镶块 11—凸模镶块 12、13—弹簧 14—限位块

4.6 典型汽车覆盖件冲压工艺与模具

4.6.1 散热器罩冲压工艺与模具

散热器罩如图4-55所示。

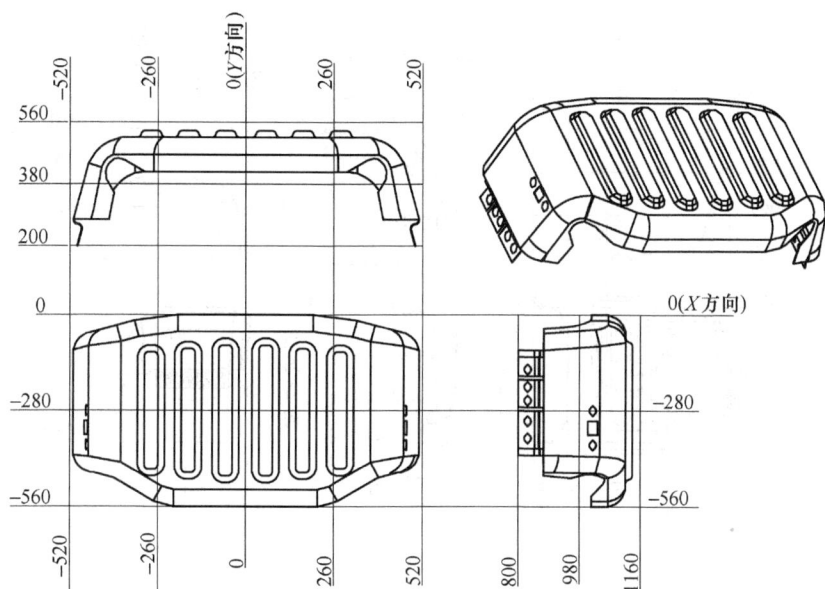

图 4-55　散热器罩

1. 冲压工艺分析

如图 4-55 所示，散热器罩为对称 Y 方向平面的覆盖件，X 和 Y 两个方向的深度相差较大，且形状较复杂。根据制件的结构特点，为减少工序，可以将冲孔与修边两端工序在同一副模具中完成。修边方式采用水平修边，修边与侧壁冲孔同时进行。修边线标识如图 4-56 所示。

因散热器罩关于 Y 方向平面对称，且顶部基本特征为平面，所以冲压可以采用正装方式。如图 4-56 所示的拉延方向，不会出现凸模死角，有利于制件的顺利成形。

X 方向拉延深度较大，需要增大压边量，如图 4-54 中放大视图所示。

根据工艺分析绘制工序简图如图 4-57 所示。

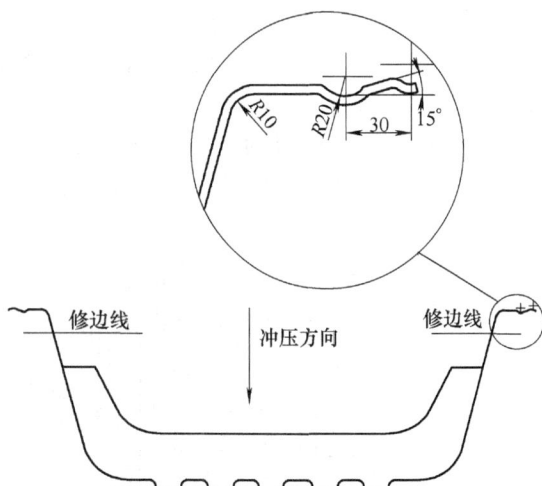

图 4-56　工艺分析图

2. 拉延模结构

制件拉延深度大，形状较复杂，所以设计如图 4-56 所示的正装式双动拉延模。该模具结构设计要点如下：

（1）模架与导向　模架采用实型铸造结构，材料选用 HT250，能减轻模具质量，节省材料，降低模具制造成本，减少模具加工量，满足大型制件压力机闭合高度大的要求。为保证模具的导向精度，上下模之间采用导板导向，可拆卸装性强，更换方便。

（2）压边装置　为防止制件在拉延成形时出现起皱和撕裂缺陷，双动拉延模上的刚性压边装置能在开始拉延时预弯成压料面形状，避免压料不均匀。同时，必须设置拉延筋，其

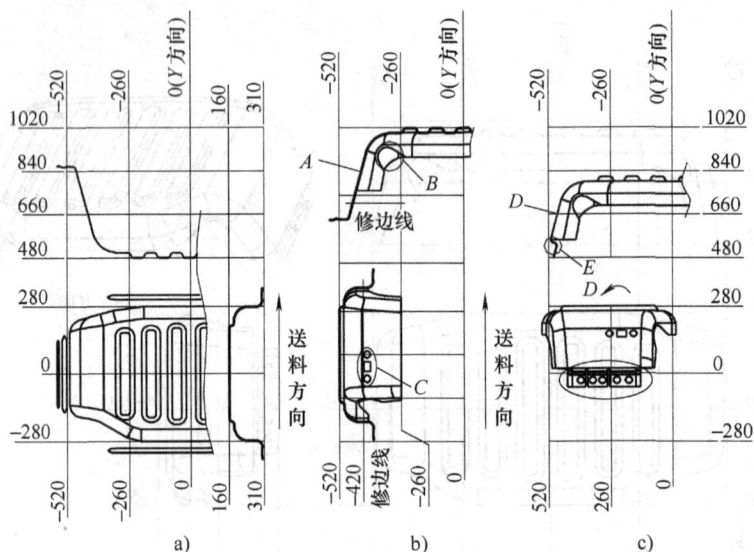

图 4-57 工序简图

布置方式如图 4-58 所示。该制件沿 X 方向的拉延深度较大，所以设置了两道拉延筋。拉延筋的结构形式为半圆形嵌入筋。

（3）凸凹模 如图 4-58 所示，凸模为整体的实型铸造结构，用螺钉紧固在固定座上。因制件上有装饰筋，凹模型腔也必须有相应的凹槽，如果凹模型腔内装饰筋的凹槽部分设计成整体，则钳工修配不方便，所以在凹模型腔内设计成有成形装饰筋用的凹模结构兼作顶出器，下模用弹簧将顶出器托起，也就是顶出器为闭口式凹模结构。

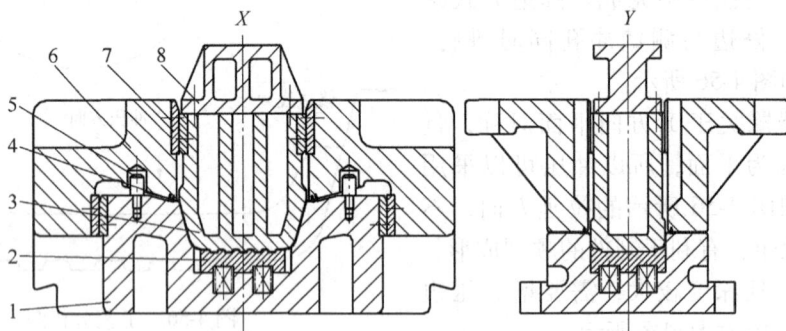

图 4-58 拉延模结构图

1—凹模　2—顶出器　3—凸模　4—压料筋　5—定位杆　6—压边圈
7—防磨板　8—固定座

3. 切边冲孔模结构

散热器罩切边冲孔模结构如图 4-59 所示，需要完成的工作是将制件拉延中的工艺补充部分切除至产品图中要求的尺寸或为后续的翻边工艺尺寸，同时冲制图中所示的两组孔。切边与冲孔均为倾斜方向，必须用到斜楔和滑块改变运动方向。

该工序的毛坯是上工序的拉延件，所以采用型面定位。毛坯定位后，依靠压料块 9 压紧于凹模上，冲压时就不会产生翘曲，压料块 9 还能起卸件的作用。制件的取出设计了气动托

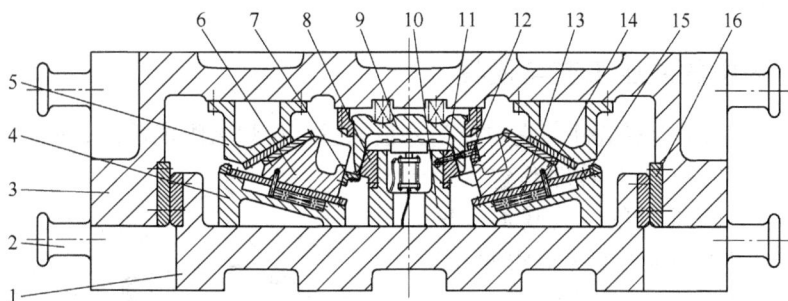

图 4-59　切边冲孔模结构图
1—下模座　2—起吊杆　3—上模座　4—斜面导板座　5—斜楔　6—滑块
7—切边凸模　8—切边边凹模　9—压料块　10—凹模固定座　11—冲孔凹模
12—冲孔凸模　13—复位弹簧　14—定位销　15—导板　16—防磨板

起装置，切边、冲孔完成后，由设置在模具内的气缸将其托起，以便取出。

修边凸凹模刃口采用镶块结构，降低制造难度，提高模具寿命。镶块选用火焰淬火钢7CrSiMnMoV，处理后的硬度达 55HRC。因修边线为不规则曲线，所以刃口镶块为相拼结构，直线长度不大于 300mm，形状复杂和拐角处的镶块取短一些。镶块的固定采用销钉定位，螺钉连接，为防止镶块偏移，上下模座可开槽作为挡墙。修边后的废料较长，需要用废料刀切断，再由铸造滑槽滑落。

4. 翻边模结构

散热器翻边位于 X 方向两端，呈对称结构，加工完成后可以横向脱模，但是这样操作非常不方便，包件力过大脱模时会损坏制件。采用图 4-60 所示的凸模扩张结构则能避免这些缺陷。

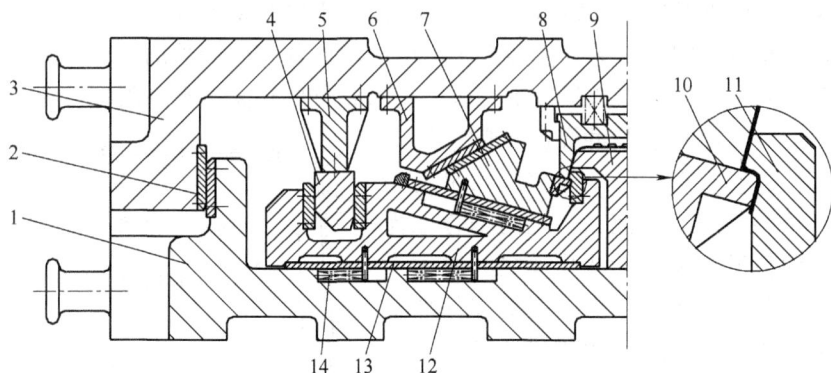

图 4-60　翻边模结构图
1—下模座　2—防磨板　3—上模座　4、6—斜楔　5—斜楔座　7—滑块　8—压料块
9—支撑座　10—翻边凸模　11—翻边凹模　12—扩张滑块　13—导板　14—复位弹簧

该模具工作原理为：压力机滑块下行，固定在斜楔座 5 上的斜楔 4 作用于扩张滑块 12，使其向外运动，翻边凹模 11 固定在扩张滑块 12 的另一端，随扩张滑块 12 一起向外运动扩张成翻边状态。压力机滑块继续向下运动，斜楔 6 作用于滑块 7 上，使滑块 7 向内作倾斜运动，而翻边凸模镶块 10 固定在滑块 7 的另一端进行翻边。翻边后压力机滑块行程向上时，翻边凸模 10 在弹簧的回复力作用下返回，翻边凹模 11 则随扩张滑块返程，缩小成取件形

状，最后取出制件。

4.6.2 前门内板的冲压工艺与模具

前门内板属于汽车内覆盖件，它与前门外板通过定位焊装配成前门，同时要求与前门框
有良好的配合。其上有许多局部凸包、通
孔、窗孔和边孔，不难想象，其基本工序
中必含有拉延、切边和冲孔(含斜楔冲孔)
工艺。如图4-61所示为其制件简图。

1. 冲压工艺分析

前门内板和一般冲压件相比较具有材
料薄，形状复杂，多为空间曲面，结构尺
寸大和表面质量要求高等特点。其冲压工
艺、冲模设计和冲模制造工艺上也具有独
自的特点。

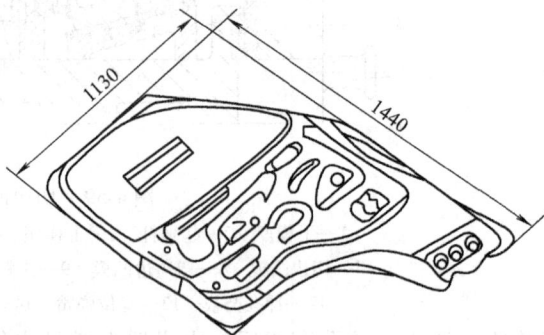

图4-61 前门内板制件简图

前门内板属于不对称的覆盖件，其拉延深度浅而均匀，但是形状比较复杂，具有与前门
外板相配合的凸缘面，尺寸较大，其上分布着许多大大小小的孔，这些孔的尺寸精度及孔之
间的位置精度要得到保证，必须尽量增加刚性，为此要利用反拉延制出凸包，使孔分布在凸
包上。拉延工序的精度直接影响到后续工序的精度，因此该零件的重点在拉延工序上。

该零件还有一个很大的风窗孔在其边框部位需要进行垂直(2-φ7mm)和水平冲孔
(φ12mm)，另外窗孔的周边修边线并不是直线，有些部位要通过整形制出小法兰，而且下
边缘的修边线有局部小圆角(2-R10mm)。因此如何处理好风窗的冲压工艺就成为前门内板
的难点之一，其冲压工序的安排，也大致决定了整个零件的工序安排。

考虑到模具的刚性及风窗的特殊形状，要一次冲出风窗是不合理的，因为这样无法保证
特殊形状部位的精度。同时，为了使各个工序中的零件各部位所受加工力分布均匀，则必须
把风窗分成几个部分冲压，即拉延后第一步先在需要整形和需要水平斜楔冲孔的特殊部位冲
出孔，以留出后续工序整形及冲孔的空间；第二
步再对特殊部位进行整形；第三步完成水平斜楔
冲孔和余下部位的修边。若把二、三两步合二为
一完成，可能使整形模和水平冲孔模之间发生干
涉，因此，拉延后至少还需三步才能把零件加工
出来。如图4-62所示为风窗局部的加工要领，这
一步也是由其他部位的加工工艺决定的。如图
4-63所示为周边局部的加工要领，这一步也是由
其他部位的加工工艺决定的。如图4-64所示为周

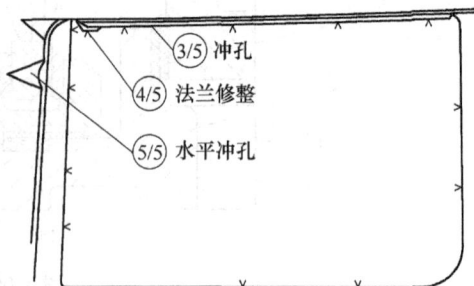

图4-62 前门内板风窗局部加工要领

边局部的加工要领，拉延后必须进行全周修边，然后进行全周整形，接着才能在成形后的零
件外周上冲孔。而图4-62所示为前门内板(L)下部异形通孔的加工要领，它至少需要三个
工序来完成，即第一步冲出异形通孔，第二步弯曲，第三步在已折弯成形的零件上冲出一个
φ7mm的小孔。

注：分数形式中分母表示该零件的冲压工序总数，分子代表第几道工序，下同。

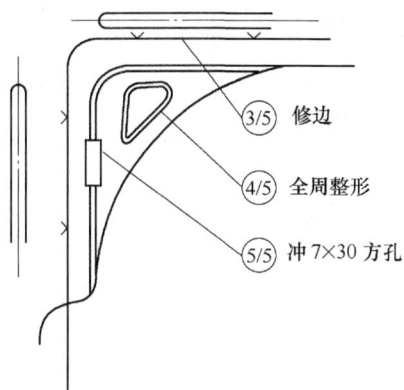

图 4-63　前门内板周边局部加工要领

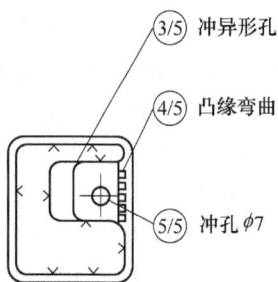

图 4-64　前门内板（L）
下部异形通孔加工要领

总的来说，加工工艺和工序的设计必须根据制件图上具有代表性的断面和各个拐角部分的成形要求，并在确保制件精度的情况下依次设计必要的工序。应该对零件从机能来说是重要的和不重要的部分区别对待。一般应注意下列事项：

① 一般用作外表的钢板件，喷涂装饰以后表面质量有特殊要求的，同一曲面应一次成形。如果分两次成形，其交接处会残存不连续的面，表面质量明显恶化，因此需要选择合适的冲压方向。

② 焊接面存在起皱一般焊接不好，有回弹则表面位置不准、装配困难或者出现装配后精度不良的情况，所以不规则的形状只能用拉延工序把焊接面制作出来。当焊接面用弯曲工序做出来时，应该选择没有变薄的冲压方向。

③ 作为加工基准用的孔，如在冲压工序早期就冲出来，当工序进行下去时孔会变形和偏移，所以要在成形之后冲孔。

如图 4-65 所示为冲孔的一些规则在本零件加工中的应用。图 4-65a 表明关联孔必须在同一工序中加工，图 4-65b、c 表明大孔和小孔接近时，先冲大孔，后冲小孔。

根据以上的基本原则及该零件的工艺特点，前门内板的冲压需采用落料、拉延、切边冲孔 I、切边冲孔 II 及冲孔等 5 道工序制作。现分别叙述如下：

（1）落料工序　如图 4-66 所示，前门内板采用厚度为 0.8mm

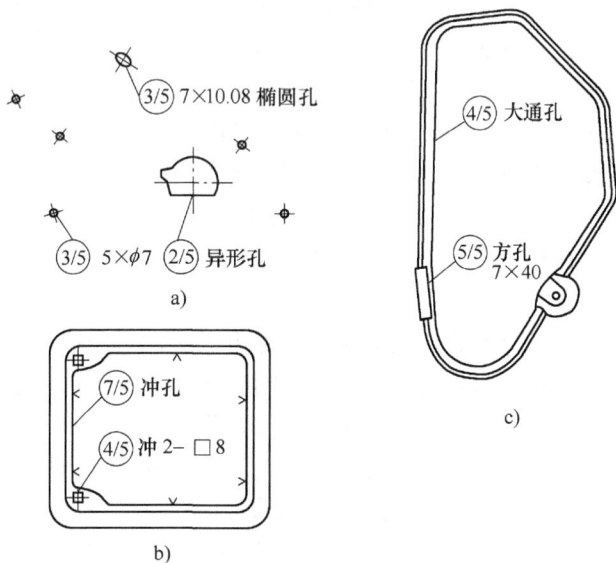

图 4-65　前门内板的冲孔工序安排

的 08F 薄板制造。由于该零件不是规则的形状，如用整块规则矩形料进行拉延，显然会造成材料的巨大浪费，给后续工序废料清除带来麻烦，故在拉延前安排一道专门的落料工序使坯料接近拉延后的坯件形状。

（2）双动拉延工序 如图 4-67 所示，前面提到，拉延工序在整个零件的成形工序中占有重要的地位，即覆盖件的工艺性关键在于拉延的可能性和可靠性。本拉延工序的加工内容是进行全体成形，从而得到一个接近于零件的形状。而覆盖件的拉延件的确定具有相似性，为此讨论前门内板拉延工序之前，我们必须首先回顾一般拉延件的确定方法，并根据一般拉延件的拉延特点来研究前门内板的拉延工艺特点。

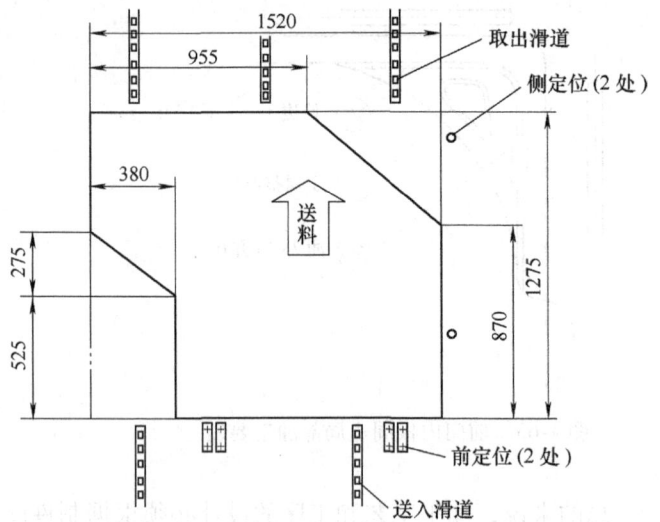

图 4-66 前门内板落料工序

前门内板属于不对称的覆盖件，确定与汽车位置垂直的拉延方向，制件上没有负角部分，能够保证凸模进入凹模。由于前门内板形状复杂，凸包多而分散，开始拉延时毛坯与凸模的接触处较多，故受力均衡，毛坯不会在凸模顶部窜动。又因凸包形状低于压料面形状，故不会使拉延件的内部形状成大皱纹和材料重叠，前门内板属于深度变化不大的零件，也就保证了压料面各部门进料阻力均匀，在拉延过程中可防止拉延毛坯窜动，即保证了表面质量。

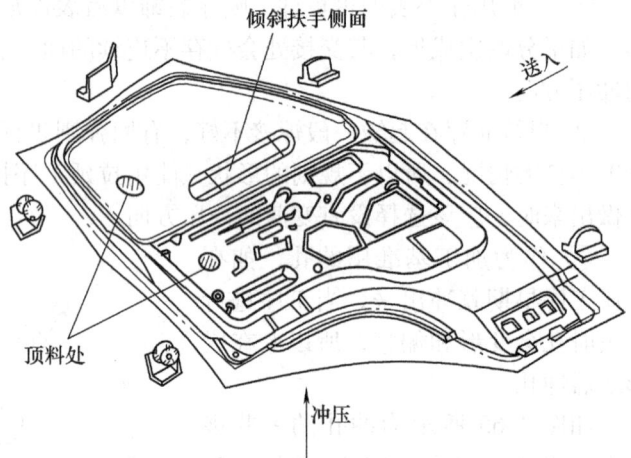

图 4-67 前门内板双动拉延工序

前门内板的各道工序中无翻边工序，只需在覆盖件上加必要的工艺补充部分即可构成拉延件，并且均采用垂直修边。同时在修边及修边后的定位中主要采用工序件外形、侧壁形状定位。后 4 道工序在冲模上的位置除了拉延翻转 180°转入后续工序外，其余工序是一致的。

由于拉延件形状复杂，本工序采用双动压力机。采用双动压力机的优点是：

① 单动压力机的压紧力不够，一般有气垫的单动压力机，其压紧力等于压力机滑块压力的 20% ~25%，而双动压力机的外滑块压紧力等于压力机滑块压力的 65% ~70%。

② 单动压力机的压紧力只能整个调节，而双动压力机的外滑块压力可以四角单独调节，从而起到调节拉延模压料面上各部位的压边力，控制压料面上材料流动的作用。

③ 双动压力机能解决单动压力机的拉延深度不深问题。

④ 单动拉延模的压边圈是刚性的，如果压料面是立体曲面，形状的不对称会致使压料

板偏斜，严重时会失去压料作用，而双动压力机则能很好解决问题。

该零件拉延的压料面大部分就是覆盖件的凸缘面，此时的修边线一般就在拉延件的压料面上，通过以后的垂直修边切除多余部分。

通过对该零件断面尺寸的分析，大多数断面的部分材料的延伸率在 5% 左右，基本满足工艺要求。

如图 4-68 所示，图中标明了前门内板凸缘倾斜的大致趋势，它决定了压料面的倾斜方向，可以看出本零件压料主要有水平压料面和向下倾斜的压料面。

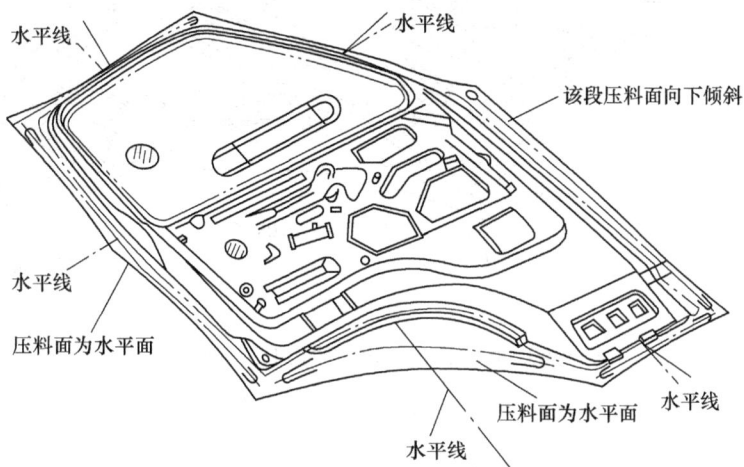

图 4-68　前门内板压料面倾斜示意图

本拉延件主要采用安置拉延筋的方式来调节进料阻力，如图 4-68 所示，共采用 4 段拉筋布置在拉延件四周的直线部分，这样就增加了进料阻力，使圆角部分与直线部分进料阻力均匀。

由于前门内板反拉延的深度较浅，易成形，无需用工艺孔和工艺切口。

（3）切边冲孔工序Ⅰ　如图 4-69 所示，上道拉延工序的制件翻转 180°，进入切边冲孔工序。本工序包括如下加工内容：

① 修边。全周修边，修边废料切成如图 4-67 所示的 4 段。

② 冲孔。大通孔 1 ~ 6，方通孔 7、8；异形孔 9、10 及小孔 $\phi20$mm，5-$\phi7$mm，4-$\phi3.8$mm，2-$\phi7$mm，10.08mm×7mm 椭圆孔，两个长方孔。

分析本工序加工内容，我们可以看出，此工序完成了零件所需的大部分大通孔，这符合先冲大孔后冲小孔的原则。对于窗口部位的通孔，一方面考虑模具的刚性问题，把窗口分成几部分，多道工序冲压。另一方面把三个通孔按图 4-69 所示布置，以方便两工序间的衔接。对于一些安装门锁、摇把等连杆机构有较严格相互位置关系的关联孔，都安排在同一道工序中冲制，以满足尺寸要求。

全周修边是为了切去工艺补充部分，它是拉延件后续工序中一个必不可少的环节。

（4）切边冲孔工序Ⅱ　如图 4-70 所示，制件经上道工序后位置不变地转入此道工序进行切边冲孔。本工序的主要加工内容有：

① 整形。全周整形及图示窗口部分整形。

② 冲孔。8-$\phi8.5$mm，3-$\phi3.8$mm，7mm×20mm 长方孔 2 个，3-□8a，2-□8b，2-□8c，

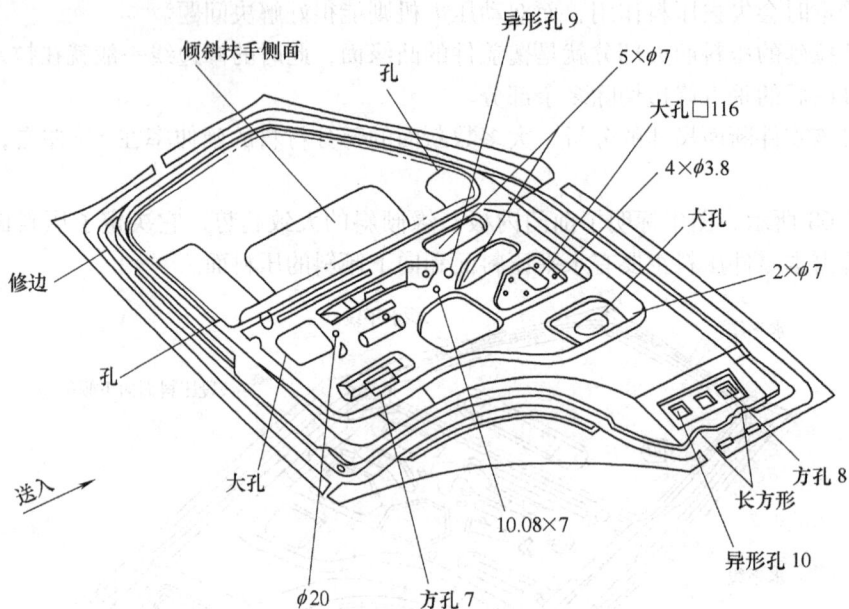

图 4-69　前门内板切边、冲孔 Ⅰ 工序示意图

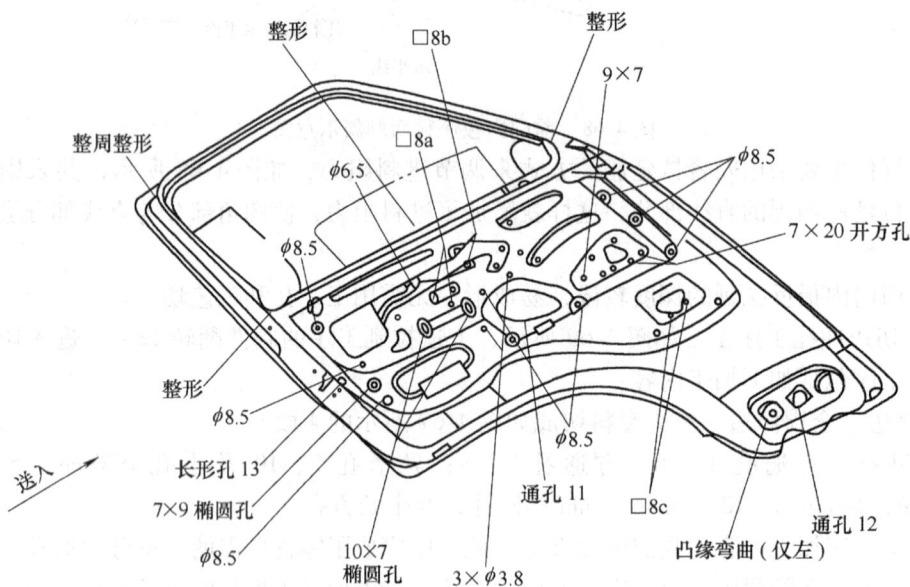

图 4-70　前门内板切边、冲孔 Ⅱ 工序示意图

7mm×9mm 椭圆孔，10mm×7mm 椭圆孔 2 个，9mm×7mm 长方孔，大通孔 11、12，小长形孔 13。

③ 弯曲。异形孔处的凸缘弯曲。

从加工内容可以看出，本工序所冲的孔大多为小孔，在废料处理时应考虑这些小废料的收集，并尽可能少用废料箱。模具内共安排了 4 个废料箱，不能直接落入废料箱的废料可采用溜槽滑入。

此工序中有许多相关联的孔：8-ϕ8.5mm，3-□8a，2-□8b，2-□8c，3-ϕ3.8mm，10mm×

7mm 椭圆孔 2 个，7mm×20mm 长方孔 2 个。

长形孔 13 安排在第 4 工序中而不在第 5 工序中，主要是由于该孔和第 5 工序中的斜楔冲孔发生干涉。

通过整形将前面几道工序中不符合零件形状的部位修正过来，把未加工出的形状压形出来，使制件的外形符合零件的最终尺寸和形状。

此处的凸缘弯曲是为下道工序的冲孔作准备的，这种先弯曲后冲孔的工序安排符合成形冲孔的原则。

（5）冲孔工序　加工要领如图 4-71 所示，制件位置不变地由第 4 道工序转入最后一道冲孔工序。本工序的加工内容主要有：

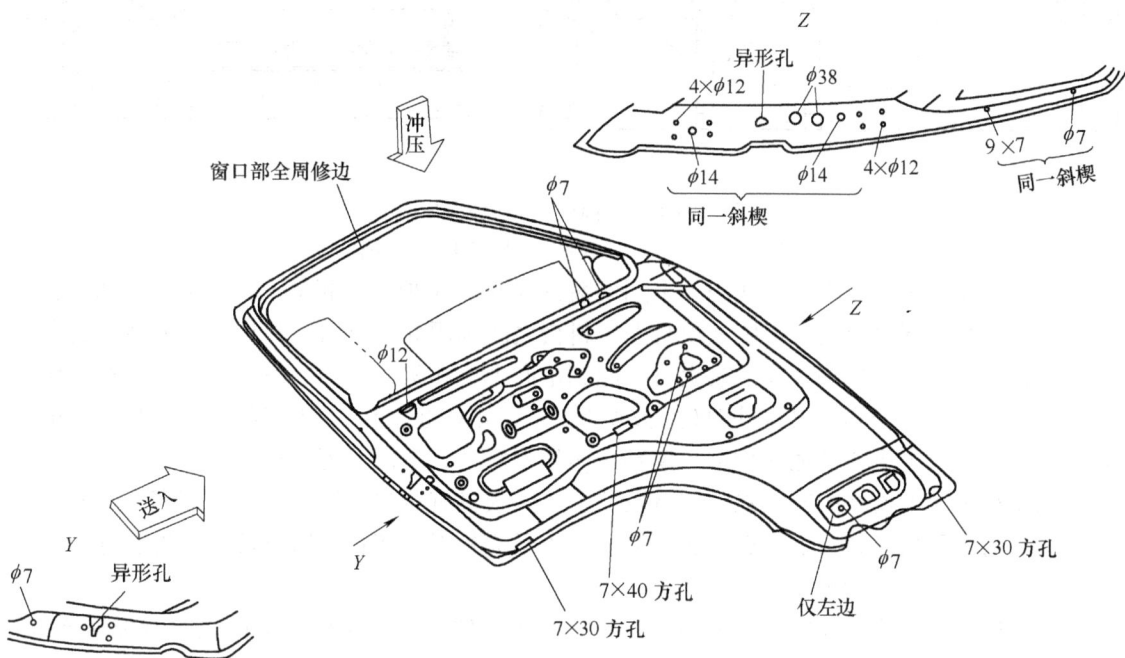

图 4-71　前门内板冲孔工序示意图

① 斜楔冲孔（含翻边孔）。从 Z 向看，$4×\phi12mm$、$\phi14mm$ 异形孔、$2×\phi38mm$，$4×\phi12mm$ 均由 B 斜楔冲孔机构完成。$9mm×7mm$ 由 C 斜楔冲孔机构冲出，均为倾斜面上斜冲孔；从 Y 向看，异形孔、3 个冲孔翻边孔、$\phi7mm$ 孔均由 A 斜楔机构冲出，为水平冲孔；另外还有窗口内缘下部 $\phi12mm$ 的水平冲孔，由 D 斜楔机构冲出。

② 垂直冲孔包括 2 个 7mm×30mm 长孔、7mm×40mm 长孔、$2×\phi7mm$。

③ 修边。窗口部位的全周修边。

2. 模具结构

分析了前门内板的工艺特点及完成它所需要的 5 道工序和各工序承担的工作内容，下面介绍完成这些工序所需模具的基本结构和动作原理。由于拉延工序在整个零件的加工中具有重要地位，且其模具结构（双动拉延模）在大型覆盖件模具中有普遍的代表意义，因此在模具结构分析时，将重点讨论拉延模。

成形左右前门内板所需模具是不同的，故除落料模只需一副模具外，其余工序所需模具均为左右各一副。本套模具有：落料模、双动拉延模、切边冲孔模Ⅰ和切边冲孔模Ⅱ，冲孔模。

（1）前门内板落料模　该模具的结构如图4-72所示。

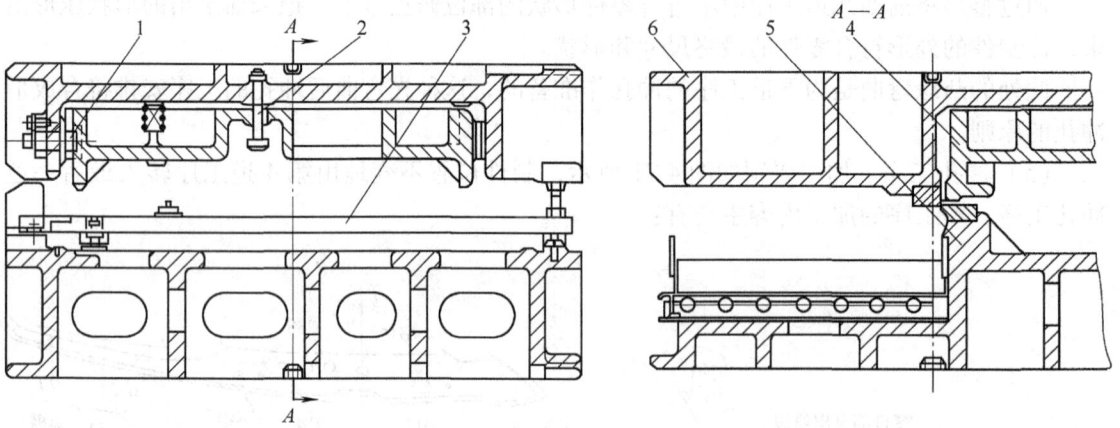

图4-72　前门内板落料模

1—安全侧销　2—安全吊杆　3—下模托板　4—上模　5—下模　6—上压料板

本落料模在单动压力机上使用，采用倒装式结构，主要由下模托板3、上压料板4、下模5和上模6等部分组成。其中上模与上压料板之间利用导板导向，并且采用侧销和安全吊杆相结合的双重安全机构，在上模上行时起到吊起上压料板的作用。吊杆在模具正常工作时不起作用，仅当安全侧销出意外时（如被切断），它才托起上模，起保险作用。为了防止和阻止模具启闭时人手或其他异物进入模具中而发生意外，下模上还设有安全护板。

上压料板和上模之间安装强力弹簧以使上压料板具有压料作用。上模和下模之间通过导柱导套导向。下模托料板上装有滑轮以方便送入平面板料。坯料的取出及送入均通过橡胶滚轮滑道，并由人工进行操纵。

平面板坯料靠两个前定位块和两个右侧定位块定位。下模托板与下模之间有弹簧连接，以使下模托板自动回程时起到托料作用。固定板螺钉起限制回程行程的作用。上模通过螺钉下压下模托板，使向下工作行程的后期，上压料板与坯料脱离接触。上、下模采用整体式结构，材料采用HT250。下料切刃采用镶拼式结构，切下废料由废料箱容纳。

该模具动作原理如下：滑块下行时，带动上模及上压料板向下运动，上压料板将平面板坯料向下压，直至上模压板将坯料压紧在下模上，然后上压料板停止运动，滑块继续向下运动时，上模切下废料。滑块回程时，上模上行，上压料板也随之向上运动，使加工后的坯料脱离接触失去压紧后，下模托板将之托起，滑块停止运动，工作人员即可取料。

（2）前门内板拉延模　该拉延模（如图4-73所示）在双动压力机上使用，故称为双动拉延模，主要由凹模1、压边圈2、凸模3、顶出器4等几部分组成。其中，压边圈与压力机的外滑块相连。

其基本的动作过程为：压力机外滑块下行时，压边圈随之到达下死点，将毛坯压紧在凹模压料面上并保持不动，内滑块后于外滑块向下运动，凸模也随之下行，将毛坯进行拉延直到下死点。拉延完成后，凸模随内滑块先回程，压边圈在保持一段时间静止不动后即随外滑块向上运动，然后顶出器将成形后的拉延件顶起再由人工取出。

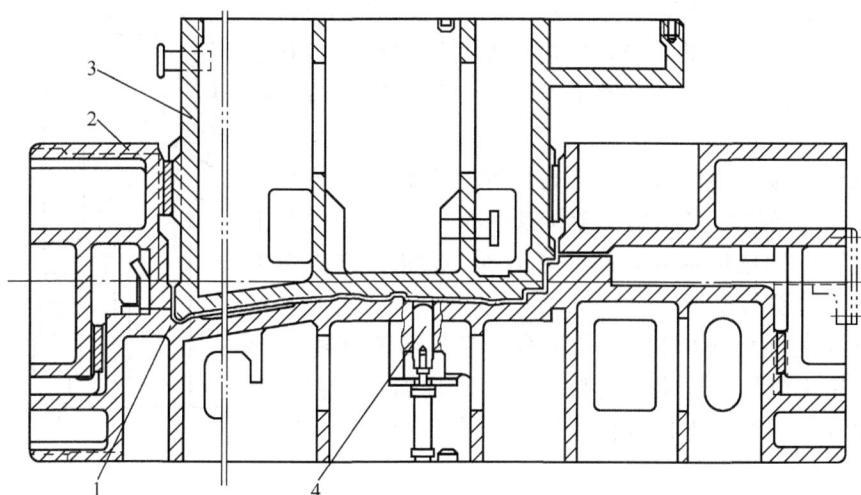

图 4-73　前门内板双动拉延模

1—凹模　2—压边圈　3—凸模　4—顶出器

1）凸模、凹模、压边圈。拉延模的凸模、凹模、压边圈都采用铸件，要求既要尽量减轻重量又要有足够的强度，因此铸件非重要部位应挖空。大型模具铸件，最突出的结构是型面厚度，其中周边围墙厚度及筋条厚度均较薄，如模具图所示。本拉延模大型铸件的壁厚为：型面 40~60mm，周边围墙 40mm，筋条 30mm，凸模工作表面和轮廓之间保持约 60mm 的距离。为了减少轮廓面的加工量，轮廓面的上部留有 18mm 的空挡毛坯面，压边圈内轮廓上部为减少加工量也有向外 10mm 的空挡毛坯面。

在传统设计中，作为模具工作零件的凸模、凹模，往往都分别与另一零件，即上下模座用螺栓等紧固零件连在一起，而这套模具把两者合为了一个整体件。

冲模闭合高度应适应双动压力机的规格。本工序采用中型压力机，其内滑块闭合高度为（1200±2）mm，外滑块闭合高度为（850±2）mm。当模具的闭合高度相对较高时，设计者并不把整体凸凹模设计得特别高，而是采取另加一块垫板的方法来减少冲模零件的高度并满足模具的要求，这样就使上下模座的加工难度（特别是铸造难度）以及零件的重量相对减小。本拉延模闭合高度较小，因此未加垫板。

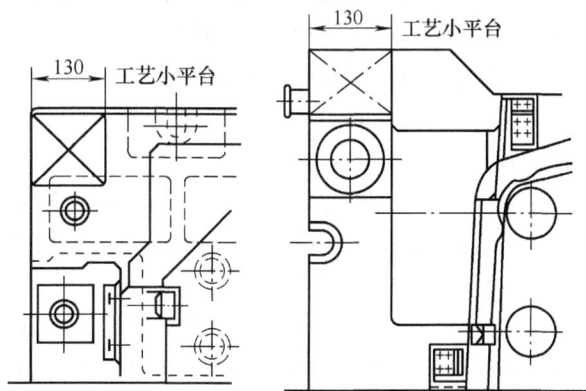

图 4-74　工艺小平台

冲模的下模座上设置了工艺小平台作为检测与安装模具的一种基准，如图4-74 所示。本模具在上下模座的两个对角线上分别设有两个 130mm×130mm 的工艺小平台，这种工艺起到支承定位作用。下模零件的这种结构较在下模部分需要翻转时要临时找基准，及模具翻转时需要临时找支承定位的方法方便且准确得多。

在覆盖件模具的大型铸件上，其侧面常增设基准小凸台，如图 4-75 所示。本模具的下模及压边圈左右两侧均加工有基准小凸台，这种基准小凸台可供钳工安装和装配模具时作侧向基准与定位用。

国外汽车覆盖件冲模铸件的选材情况一般是，对于复杂的深拉延件凸凹模铸坯多选用合金铸铁（GM241 等），而对于一般的模具铸件则选用强度好的普通铸铁 FC250，它相当于我国的普通灰铸铁 HT250。

在该拉延模的大型铸件中还加工有许多 T 形槽座和 U 形槽座，它们用于模具的固定和定位。为了模具加工和在压力机上安装模具的需要，本拉延模中还设有模具中心沟，它起指示模具中心位置的作用。

基准小凸台

图 4-75 基准小凸台

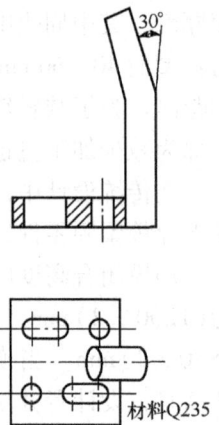

由于前门内板窗口以后要修掉，成为废料。拉延过程中，在模具与制品窗口相接触的表面上，充分考虑变形后，设置了让料槽。

2) 拉延模的导向。拉延模的导向包括两个方面，即压边圈和凹模的导向，凸模和压边圈的导向。

① 压边圈和凹模的导向。压边圈和凹模的导向采用凸台和凹模的单向自润滑导板导向。其作用与一般冲模的导柱、导套的导向相似，但导向间隙较大，为 0.3mm。这是为了满足调节压料面的进料阻力使压边圈支撑面成倾斜的需要，如图 4-76 所示。本模具采用凸台放在压边圈上的方式进行导向，其优点是便于打磨和研磨压料面和拉延筋槽，缺点是不安全。为减少磨损保证间隙，凸台与凹槽上安装有导板，导向面一面装导板，另一面精加工。导板上都采用沉孔，考虑到制造上钻孔的方便，侧面导板安装在下模凹槽上，正面导板安装在压边圈的凸台上（注：正侧面以下模平面图为准）。

为了便于进入导向面，且考虑到加工方便，将导板开始进入导向面的一端做成 30° 倾角，相应地在不装导板的一面或凹模上做成 R5mm 圆弧。

材料Q235

图 4-76 侧定位块简图

② 凸模和压边圈的导向。本模具凸模和压边圈的导向采用单向自润滑导板导向，导板利用沉孔螺钉固定在凸模导板支撑台阶上，如图 4-73 所示，导板置于凸模外廓的直线部位，并处于凸模外轮廓之间空隙的一半处。

③ 拉延筋和空气孔。采用拉延筋是为了增加拉延变形阻力，控制材料的流入，从而防止凸缘变形区起皱和侧壁部分起皱，同时可降低对压边圈平面粗糙度的要求。本拉延模的拉延筋只用了一根，安置在上面压边圈的压料面上，拉延筋槽处于下面凹模的压料面上，以便于研配和打磨。

压边圈毛坯压紧在凹模压料面上，凹模里的空气一定要排出去，否则凹模里的空气受到压缩，拉延后，凹模里受到压缩的空气就有可能将拉延件顶瘪。因此必须在凹模非工作表面或以后要修掉的废料部位钻直径为 20～30mm 的空气孔 2～6 个，相应地在凹模底面上铣出空气槽，使空气从左右面排出，如有可能也可在凹模两侧铸出空气孔。

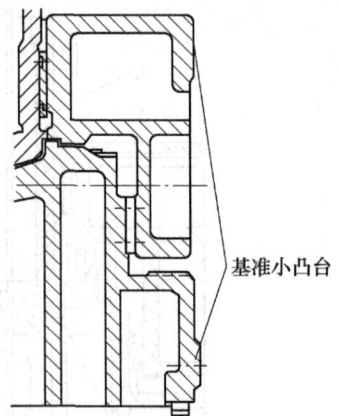

④ 定位装置。坯料的定位可利用坯料的型面定位、坯料的外形定位、制件上孔及工艺孔来定位等。该工序的原始坯料为平板坯料，只有利用坯料的外形来定位。本模具设置两个前定位块，两个后定位块，后定位块采用带橡胶辊轮式定位，左右两侧共 4 个侧定位块，侧定位块采用销式定位。图 4-76 所示为侧定位块的基本结构。

⑤ 限位装置，起吊装置。在本拉延模里，为了控制压边圈的行程，比较精确地控制压边间隙值，保证拉延变形顺利、进行稳定及保证制件质量，采用压边间隙限制零件——限位块。并将其均匀地布置在模具的空隙处，共设置了 8 块，前后左右各两块。

考虑到覆盖件模具形状及大体重量，如本拉延模模具总尺寸为 2200mm × 1900mm × 1150mm，重达 11000kg，因此必须具备可靠的起重装置。而上模采用了铸入式吊杆，需在下模和压边圈上设置起吊耳。

铸入式吊杆是国外汽车模具设计中采用得最多的起重装置。吊杆用 Q235 钢制成，在大型铸件铸造时预先把它埋入铸型，使它与大型铸件铸为一体。这种结构具有强度高，外形小，安全可靠的优点。为了加工时搬运起吊的需要，每一大型铸件皆备有单独的吊杆。下模座吊杆因为要承受整副模具的起吊重量，故必须按模具总重量设计。为了防止起吊时误用不固定的压边圈上的吊杆起吊整副模具，需在模具制成后用护罩将压边圈上的吊杆罩起来，以确保安全。

另外，该模具还有以下一些特点：

① 设置了安全挡板，以防手和异物进入压边圈与下模之间。

② 设置了定位键以便装模。

③ 采用了气动顶件器顶料，方便取料。当它和滚道相结合构成半自动进料结构时，则取料方便，操作安全。

（3）前门内板切边冲孔模 Ⅰ　该模具（如图 4-77 所示）在单动压力机上使用，模具总重量为 7500kg，尺寸为 2300mm × 1500mm × 800mm。该模具主要由上模、下模、压板、废料刀、上模镶块、下模镶块、升降台等组成，其中上模与上模压板之间安装有强力弹簧，使上模压板具有压料作用，它们之间采用导板导向，并且有侧销和安全吊杆相结合的双重安全机构，可在回程时吊起上模压板，使之与上模一起上行。

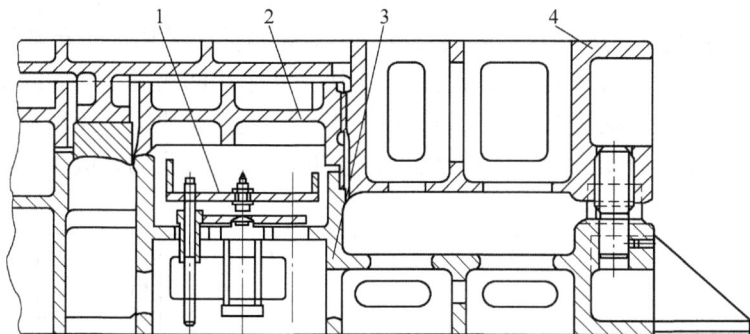

图 4-77　前门内板切边冲孔模
1—升降台　2—压板　3—下模　4—上模

模具的基本动作原理为：滑块下行过程中，上模与上模压板（推件块）也随之向下运动，首先压料板接触制件停止运动，而上模继续向下运动，它们之间的压料弹簧压缩，使压板的压边力越来越大，从而达到理想的压边力，此时上模和下模相互作用在制件上进行切边、冲孔。上模随滑块回程，压料板可对制件起顶料作用，直到在侧销带动下，也随上模上行脱离制件。制件在升降台的作用下被顶起，可人工取料，转入下一道工序。

这种冲模结构属于垂直修边模。其模具的主要特点是修边冲孔，其镶拼式的结构，不仅制模容易，更换方便，而且可以提高模具使用寿命，降低制模成本。

如图 4-78 所示，图中所示为合理和不合理拼块的一些对比示意图。

固定方式对合理而可靠地固定凸凹模的镶拼块也很重要，应根据实际需要恰当选择。固定方式共有以下几种：

① 嵌入凹槽固定式。将凸模或凹模的镶拼块，嵌入有相同高宽度凹模的各自模座内，且每块均用螺钉、销钉固定。

② 平面固定式中各镶拼块按模具形式的要求直接放在模座的一个平面上，然后每一块镶拼块都用螺钉、销钉固定。显然，这种固定方式的受力情况不如前一种好。

③ 侧向键或楔块固定式。在各镶拼块拼

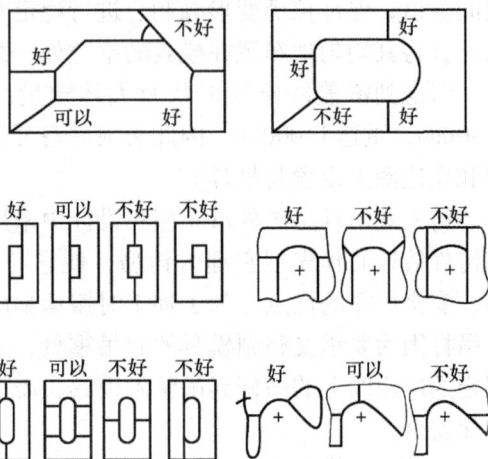

图 4-78 合理和不合理拼块示意图

合后的外侧用键或楔铁将各拼块挤紧固定。由于这种固定方式加工工艺简单，承力情况相当好，故而在覆盖件镶拼模中应用最广。

④ 凸台固定式。这种固定方式是在模座上加工一个台阶，然后将镶块用销钉、螺钉固定在台阶上，这种模块既能承受垂直方向的力，又能承受侧向力。下面我们来具体分析该切边冲孔模所采用的镶拼式模块的布置方式及固定方式。模具上下切刃材料都采用堆焊制成，对于形状复杂的垂直切刃则采用机械装配，下模基本上采用凹槽固定式固定凹模镶块，上模则基本采用平面固定式固定凸模镶块，对于所冲孔较大且复杂时，凸凹模可采用几块镶块互相拼接的形式，如图 4-79 所示，即为采用凸凹模镶块结构冲通孔。由此可见，由于通孔处尺寸较大，特别是 a 处结构复杂，直接在整体凹模上加工有一定困难（无加工空间），故凸模采用图 4-79c 的镶拼形式，由 4 块镶块组成一个冲孔凸模，采用内小角螺钉和销钉的平面固定式固于上模平面内。而凹模采用两块凹模镶块，并采用凹槽固定式固嵌于凹模内，其中一块凹模镶块用于冲切形状较复杂的 a 处。在工作表面上，镶块均采用精加工，镶块镶拼结合面处加工精度较高，而无特殊要求时表面加工精度可低些。我们还应注意到凸凹模镶块的

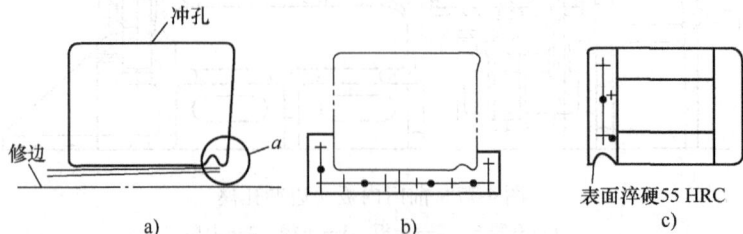

图 4-79 拼镶示意图
a) 通孔形状示意图　b) 凹模镶块　c) 凸模镶块

镶拼面错开了,这是为防止出现毛刺。

废料刀也是修边镶块的组成部分。废料是用镶块废料刀切断的,镶块式废料刀是利用修边凹模镶块的接合面作为刃口,相应地在修边凸模的镶块外面装废料刀作为另一个刃口组成镶块式废料修边。

模具共设置了 4 处废料,这样即把周边废料分成 4 块小废料。废料刀的上下刃口材料均采用镶块,切刃原则上设计成直刃口。在模具中废料刀承受较大的侧向力,如图 4-80 所示为模具中所采用的废料刀镶块。其中下模废料刀镶块采用平面固定式,如图 4-80a 所示。图 4-80b 所示的上模废料刀镶块采用凹槽固定式,这样接触面积大,可分担部分侧向力,以防碰伤厚度较薄的上模修边刃口。

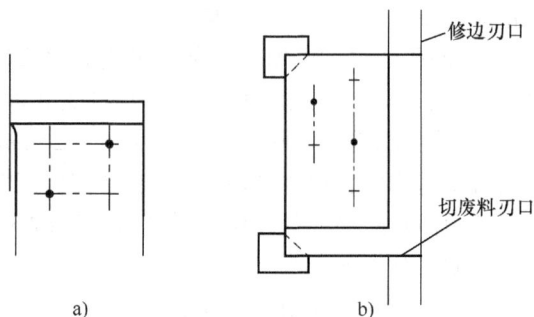

图 4-80　废料刀镶块
a)上模废料刀镶块　b)下模废料刀镶块

以上是模具镶块的一些特点,除此之外模具还具有以下一些基本特点。

① 上下模采用 4 个导柱导套导向,将导柱放在下模,含油导套放在上模。上模与上模压板则采用导板导向。

② 废料采用滑道和废料箱两种方式排出。

③ 工件以成形面的内形定位。

④ 模具采用气动顶件装置,小导柱的作用是防止托板偏移。

⑤ 制造工艺性好。模具有加工基准面和基准点。

⑥ 模具设有定位键,便于装模。

⑦ 压板的起吊采用开螺钉孔的形式,而上下模起吊采用吊耳。

(4) 前门内板切边冲孔模 Ⅱ　这是完成前门内板零件第 4 道工序的模具,其结构简图如图 4-81 所示。

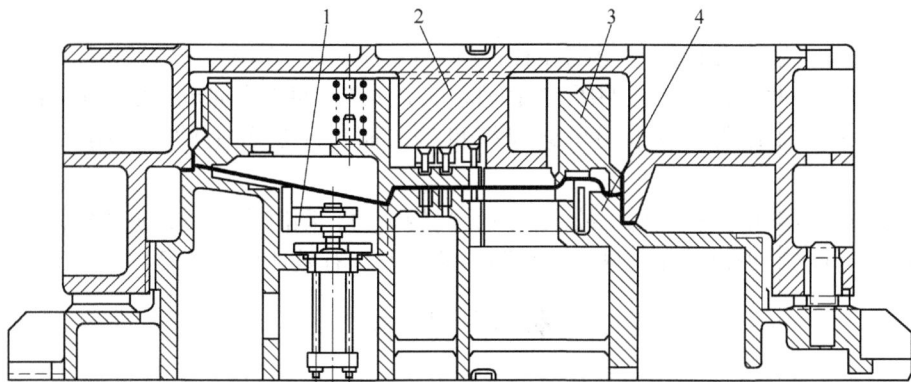

图 4-81　前门内板切边冲孔模
1—升降台　2—上模　3—下模　4—压板

该模具在单动压力机上使用。与上套模具相似,上模与压板之间安装有强力弹簧,采用双重安全机构,之间采用导板导向。上模与下模之间采用导板和两个导柱导套双重导向,这样就可使整形、弯曲、冲孔的精度得到保证。

基本动作原理与上工序的模具相似。上模下行，带动压板首先接触制件起压料作用，压板停止运动，上模继续下行，压边力达到合理值时，上模首先完成冲孔，接着进行整形、弯曲。完成工作后上模首先回程，压板不动起卸料作用，后在板边作用下随之回程，气动顶料装置即可顶料，以便于手工取料。

① 冲孔凸模。本模具大部分采用凸肩式冲孔凸模，当冲 $\phi 7$mm 以下的圆孔，以及当凸模固定板的安装位置紧张时采用钢球锁紧式冲头。

② 冲孔凹模。当孔的最大尺寸小于 25mm 时，使用筒状凹模，如图 4-80 所示，将凹模压入铸铁基体中，再用 $\phi 4$mm 的定位销防止其转动。

其中冲孔凸模在使用中损坏的可能性较大，故设置备用冲头，以便在凸模损坏时更换，不致影响正常工作。

（5）前门内板冲孔模　如图 4-82 所示是本制件的第 5 道工序用模。

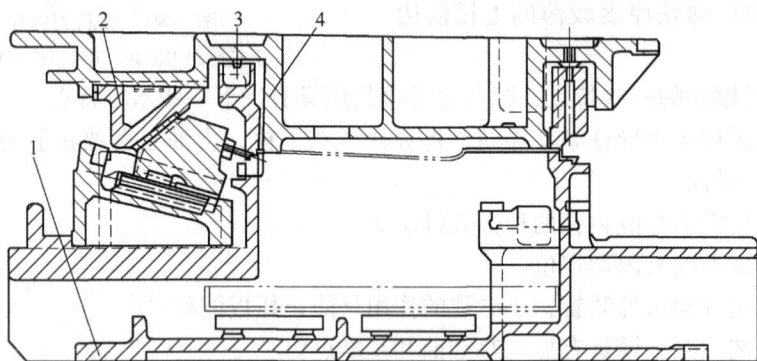

图 4-82　前门内板冲孔模
1—下模　2—斜楔冲孔机构　3—上模压板　4—上模

该模具在 G 型单动压力机上使用。由于 G 型单动压力机的闭合高度为 1150mm，故采用了 250mm 厚的上垫板与之适应。该模具主要由上模、下模、上模压板和不同位置的 4 个斜楔冲孔机构组成。

本模具的最大特点是使用了斜楔冲孔机构。汽车覆盖件常有一些和冲压方向不一致的孔，这些孔可分为两类：一类与冲压方向垂直；另一类与冲压方向成一定夹角（即斜面上的孔）。对于水平方向的孔一般采用单向斜楔机构，而对于斜面上的孔，则采用双向斜楔机构。

由于该模具有斜楔冲孔机构，故承受较大的侧向力，同时为了使导向精确，采用导柱导板联合导向，并将导板设置在与导柱导套同一轴线上，有效地保护了导柱导套的配合精度。

本 章 小 结

1. 汽车覆盖件表示方法有覆盖件图、主模型及数据模型三种。

2. 汽车覆盖件工艺设计过程包括原材料准备、覆盖件工艺结构分析、工艺设计及制作 DL 图。

3. 汽车覆盖件常用冲压工序有拉延、修边、翻边、冲孔、整形等。根据不同的工序进行相关工艺设计及模具设计。

思考与练习

1. 试叙述汽车覆盖件拉延模与普通拉延模的异同，并归纳总结汽车拉延模设计需要注意的事项。

2. 消除汽车覆盖件拉延起皱与破裂的缺陷一般采用什么办法？

3. 试绘制一种扩张式翻边模结构，并简单叙述其工作原理。

4. 图 4-83 为顶盖零件图，看图完成下列 2 个问题：

① 试分析其工艺性，设计工序顺序，并绘制工序简图。

② 试绘制顶盖拉延模结构草图。

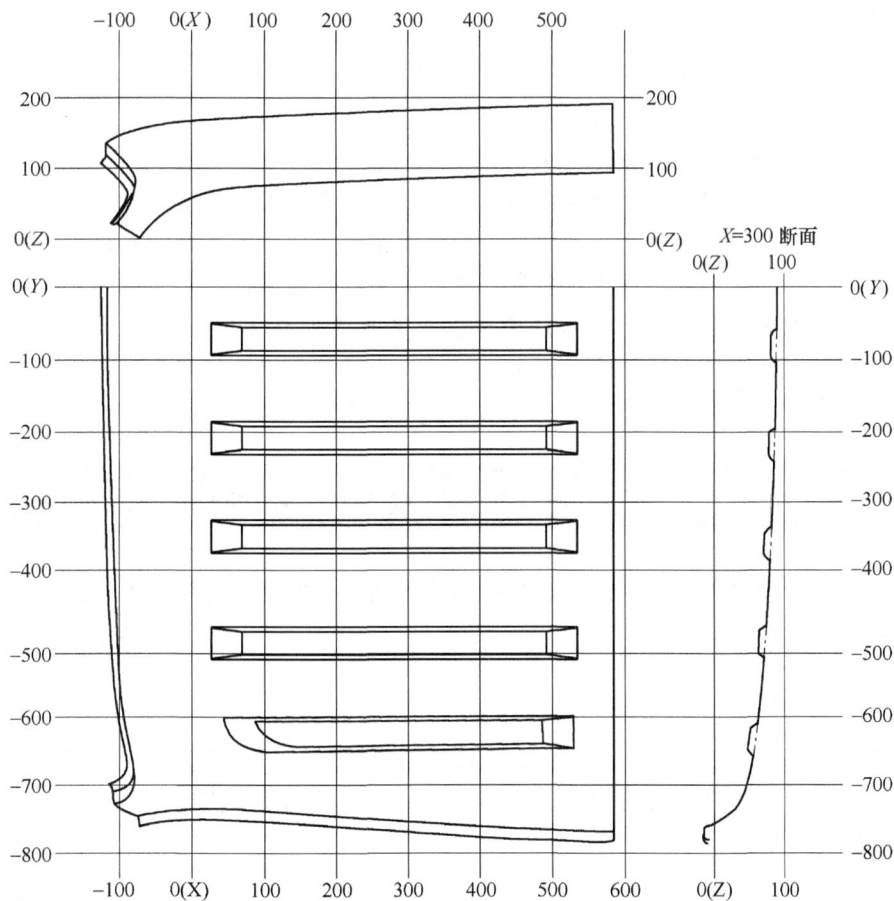

图 4-83　顶盖零件图

第5章 汽车冲压件检测

学习目标 ▶

1. 认识车身冲压件常见冲压缺陷及产生原因。
2. 学会使用车身冲压件检测工具。
3. 学会车身冲压件检测方法及判定标准。

冲压是汽车制造过程中的一个重要环节,汽车冲压外覆盖件作为车身外表面零件,其表面不允许有桔皮、凹陷等缺陷;车身骨架件形状复杂,用于提高车身的刚性,并连接或固定内饰件及其他零件。可以说,汽车覆盖件既是外观装饰性的零件,又是封闭薄壳状的受力零件。由于车身的美观性和功能性等特殊需要,很多覆盖件整体轮廓内部带有局部的形状特征,这对成形控制技术提出了更多的需求。但是在生产过程中,经常会发现一些不良质量的现象,如何避免这些问题的产生,本章对此将进一步探索。

5.1 汽车冲压件质量缺陷

在汽车冲压生产过程中,零件主要存在的质量缺陷一般可以分为三类,即外观缺陷、功能尺寸缺陷以及返修缺陷。

5.1.1 外观缺陷

外观缺陷主要有裂纹、缩颈、坑包、变形、麻点、锈蚀、材料缺陷、起皱、毛刺、拉压痕、划伤、圆角不顺、叠料及其他。以下是外观缺陷检查标准及描述。

1. 裂纹

检查方法:目视。

裂纹对于外覆盖件是不可接受的(如图5-1所示)。对于内覆盖件仅细微的碎裂允许进行补焊返修处理,但返修部位应是顾客不易发觉的地方,且必须满足冲压件的返修标准。

2. 缩颈

检查方法:目视、剖解。

缩颈是冲压件成形过程潜在的危险破裂点,对冲压件的功能、强度、耐疲劳度有着

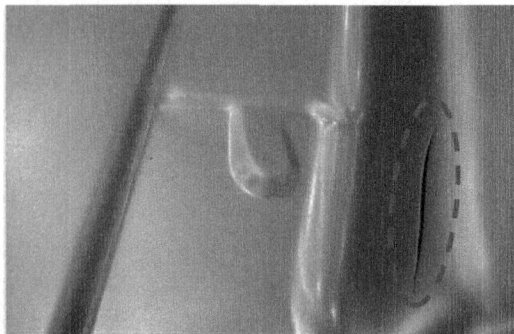

图 5-1 裂纹

至关重要的影响(如图 5-2 所示)。根据缩颈的程度可判定冲压件是否合格、返修及报废等。外覆盖件缩颈影响整车外观,客户是不可接受的。

3. 坑包

检查方法:目视。

坑包的存在严重影响覆盖件油漆后的外观质量,是客户所不能容忍的缺陷(如图 5-3 所示)。大面积的坑包还影响制件强度、疲劳度,无法修复。

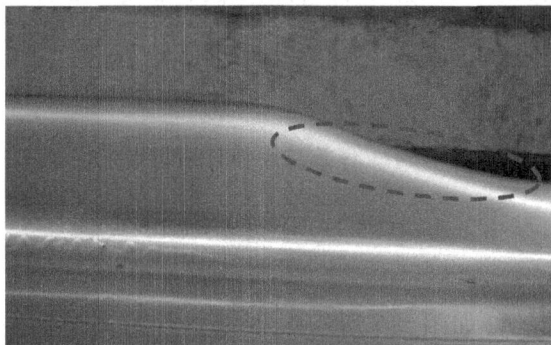

图 5-2　缩颈

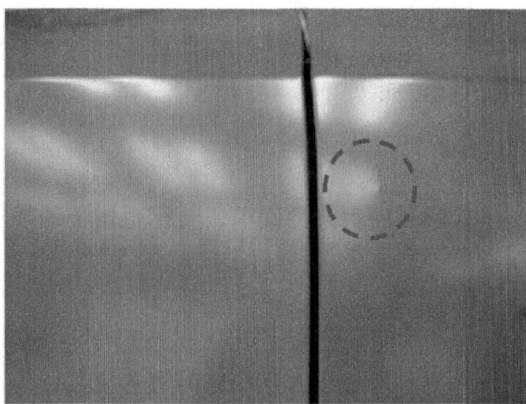

图 5-3　坑包

4. 变形(突起、凹陷、波浪)

检查方法:目视、油石打磨、触摸、涂油。

变形的产生主要由于模具没有研配到位、人为操作不当或者机器人吸盘没有调试到位产生的(如图 5-4 所示)。变形按照缺陷可以分为以下三类:

A 类缺陷:它是用户不能接收的缺陷,没有经过培训的用户也能注意到。

B 类缺陷:它是在冲压件外表面上摸得着、看得见和可确定的缺陷。

C 类缺陷:它是需要修正的缺陷,绝大多数处于模棱两可的情况下,只有在油石打磨后才看得出。

5. 麻点

检查方法:目视、油石打磨、触摸、涂油

麻点的产生有很多原因(如图 5-5 所示),如带来的板料脏、镀锌板锌粉脱落麻点,模具

图 5-4　变形

图 5-5　麻点

本身型腔表面脏、模具镀铬脱落，设备机器人吸盘脏、压力机工作台面不干净，以及厂房环境中有灰尘和细沙等，按照缺陷可以分为以下三类：

A 类缺陷：麻点集中，超过整个面积的 2/3 都分布有麻点。

B 类缺陷：麻点可看到、可摸到。

C 类缺陷：打磨后可见单独分布的麻点，要求麻点间距离为 300mm 或更大。

6. 锈蚀

检查方法：目视、剖解。

锈蚀是由于冲压件长期存放或者存放不当导致生锈，它对冲压件的功能、强度、耐疲劳度有着至关重要的影响。

7. 材料缺陷

检查方法：目视。

材料强度不符合要求，轧钢板留下的痕迹、重叠、桔皮、有条纹、镀锌表面疏松、镀锌层剥落等都属于材料缺陷。

8. 起皱

检查方法：目视。

外覆盖件不允许存在任何顾客容易察觉的起皱（如图 5-6 所示），内覆盖件不允许存在严重的起皱从而导致材料叠料。

9. 毛刺

检查方法：目视。

材料在凸凹模冲压剪切作用下，从弹性变形到塑性变形再到断裂分离。由于凸凹模间隙的存在，材料被拉断时在分离方向超出板料厚度的毛边部分通常被称为毛刺（如图 5-7 所示）。

图 5-6　起皱

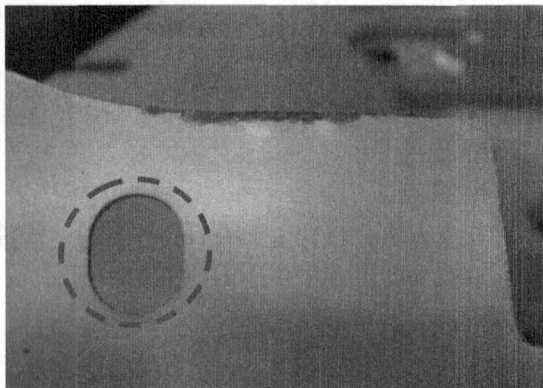

图 5-7　毛刺

毛刺不仅仅会严重影响产品的质量，还会磨损劳保用品，存在着严重的安全隐患。毛刺的存在必须符合以下四个要求：

① 毛刺的长度要求小于板料厚度的 10%。

② 任何影响焊接搭边贴合程度的毛刺都是不可接受的。

③ 任何容易导致人身伤害的毛刺都是不可接受的。

④ 任何影响零件定位及装配的冲孔毛刺都是不可接受的。

10. 拉压痕及划伤

检查方法：目视。

外覆盖的外表面不允许存在拉毛、划伤及压痕（如图 5-8，图 5-9 以及 5-10 所示）；外覆盖件的内表面不允许存在影响外表面质量的划伤、压痕。内覆盖件表面不允许存在潜在的导致零件拉裂的严重划伤、压痕。

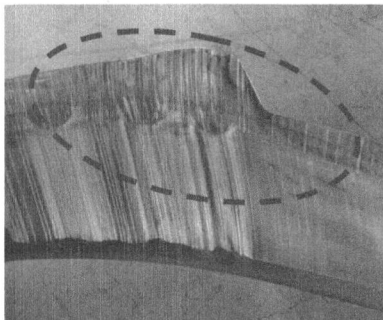

图 5-8　拉毛

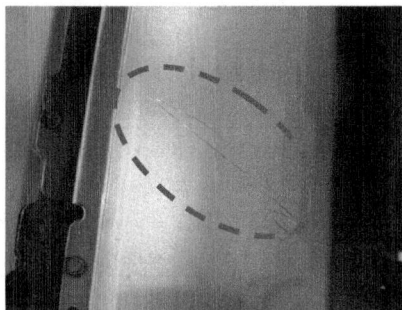

图 5-9　划痕

11. 圆角不顺

检查方法：目视、检具测量。

圆角不顺是指圆角半径不够均匀，不够清晰光顺（如图 5-11 所示）。外覆盖件不允许存在圆角不顺，内覆盖件的一些装配面、搭接面圆角不顺不仅影响制件外观，严重的还影响焊接、装配。

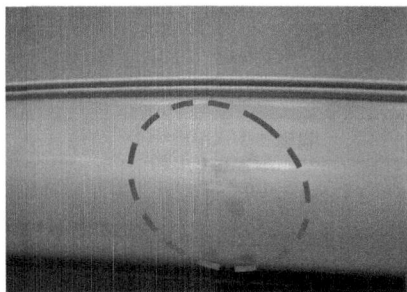

图 5-10　压痕

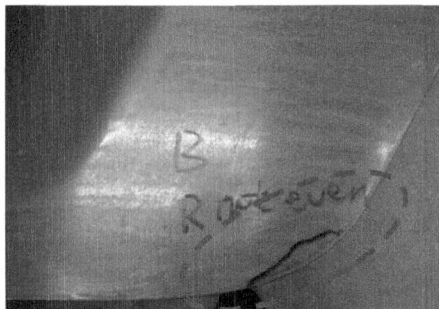

图 5-11　圆角不顺

12. 叠料

检查方法：目视。

外覆盖件不允许存在叠料缺陷，内覆盖件不同程度的叠料缺陷会导致客户抱怨，功能类冲压件还会影响制件的装配和车身强度。

13. 打磨缺陷及打磨印

检查方法：目视、油石打磨。

打磨按照缺陷分为以下三类：

A 类缺陷：打磨穿了，在外表面上明显可见，所有顾客都一目了然。

B 类缺陷：能看到、摸到，在有争议的地方打磨后也能证明。

C 类缺陷：用油石打磨后能看出。

针对冲压件存在的缺陷，一定要遵循"质量从严"的原则进行判定，外观缺陷检测判定标准见表 5-1。

表 5-1　冲压件外观缺陷检测标准（参考）

项目	描述	关键件	判定（整车区域）			
			A	B	C	D
裂纹	1. 封闭裂纹：长度≥50mm 　　　宽度≥3mm 2. 不封闭裂纹：长度≥30mm 　　　宽度≥2mm	/ 所有件 下同	报废			
	1. 封闭裂纹：10mm≤长度<50mm 　　　宽度<3mm 2. 不封闭裂纹：10mm≤长度<30mm 　　　宽度<2mm	是	报废	报废	报废	报废
		非	报废	返修	返修	返修
	1. 封闭裂纹：长度<10mm 　　　宽度<3mm 2. 不封闭裂纹：长度<10mm 　　　宽度<2mm	/	返修	返修	返修	返修
缩颈	缩颈部位材料厚度：厚度≥料厚的80%；缩颈部位长度≥60mm	/	报废			
	缩颈部位材料厚度：料厚的50%≤厚度<料厚的80%；缩颈部位长度：30mm≤长度<60mm	是	报废	报废	报废	报废
		非	报废	报废	返修	返修
	缩颈部位材料厚度：厚度<料厚的50%；缩颈部位长度：长度<30mm	/	返修			
坑包	面积≥8m㎡；长度≥10mm；高度≥1.5mm	/	报废	报废	返修	返修
	面积<8m㎡；长度 L<10mm；高度<1.5mm	/	返修	返修	返修	合格
变形	零件表面出现明显起伏；目视明显；严重影响外观及装配	/	报废			
	零件表面出现起伏；目视不明显；手感明显	/	返修	返修	返修	合格
	零件表面出现起伏；手感不明显；油石检验明显	/	返修	返修	合格	合格
麻点	零件2/3面积上能看到麻点或小凸包	/	报废			
	零件表面用油石磨件之前用手感觉明显的麻点或麻点群；麻点面积<2/3零件面积	/	报废	报废	返修	合格
材料缺陷	料厚明显不符合要求；表面有明显的桔皮滑移线、镀锌层疏松；锌脱落长度≥300mm；宽度≥5mm	/	报废	报废	报废	合格
	轻微的材料缺陷；磨件后可见的材料缺陷	/	返修	返修	合格	合格

（续）

项目	描述	关键件	判定（整车区域）			
			A	B	C	D
锈蚀	锈蚀厚度≥料厚的40% 锈蚀面积≥全部面积的25% 型面比较复杂无法消除锈迹	/	报废			
	锈蚀厚度：料厚的 20% ≤ 厚度 < 料厚的40%	是	报废			
	锈蚀面积：全面积5% ≤ 厚度 < 全面积25%	非	报废	报废	返修	返修
	表面质量受锈蚀影响但可通过打磨修复	/	返修			
起皱	肉眼能看出的严重起皱、棱线错位，严重影响焊接及装配	/				
	棱线、弧度不够清晰光顺　肉眼可见的桔皮、波纹及棱线错位	是	报废	报废	返修	返修
		非	报废	报废	返修	合格
毛刺	毛刺高度 H 大于料厚的40%；有操作危险性的粗毛刺	/	返修			
	毛刺高度：料厚的 20% ≤ 高度 < 料厚的40%；毛刺影响定位、装配、焊接及压合	一般孔	合格			
		定位孔装配孔	返修			
		一般料边	合格			
		压合/焊接料边	返修			
	毛刺高度：高度 < 料厚的20%	/	合格			
拉毛压痕划伤	深度 ≥ 料厚的 30%；宽度 ≥2mm；长度≥5mm	是	报废			
		非	报废	报废	返修	合格
	料厚的 10% ≤ 深度 < 料厚的30%；宽度 <2mm；长度 <5mm	/	返修	返修	返修	合格
	深度 < 料厚的10%	/	返修	返修	合格	合格
圆角不顺	圆角半径不均匀，未达到要求；明显地不清晰、不光顺；配合间隙达 2mm 以上	/	报废	报废	返修	返修
	圆角半径不均匀，不够清晰光顺；配合间隙达 2mm 以下	/	返修	返修	合格	合格
叠料	板料重叠宽度：宽度 ≥8mm	/	报废			
	板料重叠宽度：3mm ≤ 宽度 <8mm	是	报废			
		非	报废	报废	报废	返修
	板料重叠宽度：宽度 <3mm	/	报废	返修	返修	合格
其他	能引起严重功能障碍的缺陷		报废			
	对使用有明显影响的缺陷		返修			

5.1.2 功能尺寸缺陷

功能尺寸缺陷主要包括：孔偏、少边、少孔、孔径不符、多料、型面尺寸不符及其他。以下是尺寸缺陷检查标准及描述。

1. 孔偏或少孔

检查方法：检具测量，三坐标测量。

冲压件的孔根据孔偏移的大小、孔的作用而有不同的质量标准。对于定位、安装孔的位置精度要求高，一般工艺孔、过孔位置精度要求低。冲压件少孔是产品设计和要求所不允许的。

2. 孔径不符

检查方法：间隙尺、游标卡尺。

冲压件孔的直径偏差大小，根据孔的作用而有不同的质量标准。定位、安装孔的偏差精度高低直接决定了整车的装配性能。一般工艺孔、过孔位置偏差进度要求相对低些。

3. 少边或多料

检查方法：检具测量，间隙尺、钢直尺、三坐标测量。

冲压件少边多料在不同类别的冲压件上影响程度大不相同。例如，焊接边少边影响焊点分布和操作，压合边少边和多料决定压合后的总成质量。

4. 型面尺寸不符

检查方法：检具测量，间隙尺、钢直尺、三坐标测量。

冲压件型面尺寸偏差由于设计、规划等工艺水平是避免不了的，但是其偏差的大小直接决定了整车的外观配合、冲压件匹配及零部件装配等质量水平。

尺寸缺陷的检验判定要遵循的标准见表 5-2。

表 5-2 尺寸缺陷检验判定标准（参考）

项目	描述 零件与检具的间隙用 d 表示， 平度用 h 表示，单位 mm	判定结果
压合料边面	$-0.5 \leq h \leq 0.5$；$2.5 \leq d \leq 3.5$	合格
定位面特殊料边面		
焊缝搭接边	$-1.0 \leq h \leq 1.0$；$2.0 \leq d \leq 4.0$	
定位焊搭接边涉及外观\装配面料边	$-0.5 \leq h \leq 0.5$；$2.0 \leq d \leq 4.0$	
定位孔	$0 \leq$ 直径 ≤ 0.2；$-0.5 \leq d \leq 0.5$ $-0.5 \leq$ 圆心位置偏移量 ≤ 0.5	
装配孔	$-0.2 \leq$ 直径 ≤ 0.2；$-0.5 \leq d \leq 0.5$ $-0.5 \leq$ 圆心位置偏移量 ≤ 0.5	
一般过孔	$-0.5 \leq$ 直径 ≤ 0.5；$-1.0 \leq d \leq 1.0$ $-1.0 \leq$ 圆心位置偏移量 ≤ 1.0	
一般边缘	$1.5 \leq d \leq 4.5$；$-1.0 \leq h \leq 1.0$	
一般型面	$2.0 \leq d \leq 4.0$	

说明：

① 表中数值为制件检具测量的平度、间隙大小。若检具无法测量，应配合三坐标扫描进行确认分析，其数据应结合数模、车身坐标等加以确定。

② 不符合上表规定的全部判定不合格。

③ 尺寸类缺陷，只判定合格与不合格。

④ 出现不合格，应制订措施或更改模具等。

5.1.3　返修缺陷

返修缺陷主要包括：裂纹、孔穴、固体夹杂、未溶合和未焊透、形状缺陷、变形、坑包、刨痕、抛光影、板件变薄及其他。返修缺陷检验判定需要遵从的标准见表 5-3。

表 5-3　返修缺陷检验判定标准(参考)

项目		描述	整车区域			
			A	B	C	D
焊接质量	裂纹	不允许出现裂纹	返修	返修	返修	返修
	气孔缩孔	焊缝长度内出现一个气孔缩孔径≤0.5mm			合格	合格
		焊缝长度内出现 2 个以上的连续气孔缩孔径≤1mm			返修	合格
	固体夹杂	夹渣、氧化物夹杂、金属夹杂			返修	合格
	未溶合	在焊缝金属和母材之间或焊道金属和焊道金属之间未完全熔化结合的部分			返修	返修
	未焊透	焊接时接头的根部未完全熔透的现象			返修	返修
	形状缺陷	焊瘤、错边、烧穿、未焊满			返修	返修
表面缺陷		未做振动处理或处理后在检验区正常灯光条件下仍有抛光总面积的1/3以上可见	返修	返修	返修	合格
		处理后在检验区正常灯光条件下仍有抛光总面积的1/3以下可见	返修	返修	合格	合格
		1. 未做抛光、振动处理或处理后在检验区正常灯光条件下仍有刨痕长度在 5mm 以上可见　2. 深度占板厚的15%	返修	返修	返修	合格
		1. 处理后在检验区正常灯光条件下仍有刨痕长度在 5mm 以下　2. 手指接触感觉不太明显　3. 刨痕个数≤3 条	返修	返修	合格	合格

5.2 汽车冲压件的检测方法

5.2.1 外观检验方法

1. 触摸检查

用干净的纱布将外覆盖件的表面擦干净。检验员需戴上纱手套沿着零件纵向紧贴零件表面触摸，这种检验方法取决于检验员的经验，必要时可用油石打磨被探知的可疑区域并加以验证，但这种方法不失为一种行之有效的快速检验方法（如图 5-12 所示）。

2. 油石打磨

用干净的纱布将外覆盖件的表面擦干净，用油石打磨的规格为 20mm × 13mm × 100mm 或更大。有圆弧的地方和难以接触到的地方用相对较小的油石打磨（例如：8mm × 100mm 的半圆形油石）。油石粒度的选择取决于表面状况（如粗糙度，是否镀锌等），建议用细粒度的油石。油石打磨的方向基本上沿纵向进行，并且要很好地贴合零件的表面，部分特殊的地方还可以补充横向打磨（如图 5-13 所示）。

图 5-12　触摸检查

图 5-13　油石打磨

3. 柔性砂网的打磨

用干净的纱布将外覆盖件的表面擦干净，用柔性砂网紧贴零件表面沿纵向打磨至整个表面，任何麻点、压痕很容易被发现（不建议用此方法检验凹瘪、波浪等缺陷）。

4. 涂油检查

首先用干净的纱布将外覆盖件的表面擦干净，然后再用干净的刷子沿着同一个方向均匀地涂油至零件的整个外表面，最后把涂完油的零件放在高强度的灯光下检查（如图 5-14 所示），建议把零件竖在车身位置上。采用此方法可很容易地发现零件上微小的麻点、凹瘪、波纹。

图 5-14　涂油后灯光检查

5.2.2 尺寸检验方法

1. 检具测量

利用检具、钢直尺、间隙尺等测量工具(如图 5-15 所示),对冲压件的孔位置、大小、型面尺寸、料边等部位进行测量。同时结合产品数模,对冲压件的尺寸进行确认。

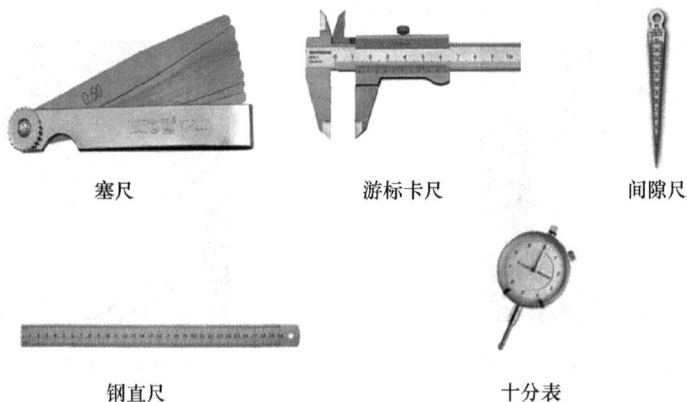

塞尺　　　　　　　　　游标卡尺　　　　　　　　间隙尺

钢直尺　　　　　　　　　　　十分表

图 5-15　常用检测工具

2. 三坐标扫描测量

利用专业测量设备对冲压件的孔位置、型面尺寸等进行精确测量。通常要对每批零件的首件进行三坐标测量仪扫描测量(如图 5-16 所示)。

图 5-16　三坐标测量仪

5.2.3 冲压件检具检测

汽车车身冲压件检验夹具是对冲压件几何形状及几何尺寸进行测量的综合性专用量具,其主要作用是:当模具制造完后,对试模件进行合格性测量,从而确定模具的制造质量;在冲压件批量制造中,用于检测冲压件的加工精度;在生产过程中通过对冲压件的精度检测发现模具存在的故障,从而指导对模具的修理。从以上检验夹具的作用不难看出,随着对车身质量要求的不断提高,汽车车身冲压件检验夹具将会得到越来越广泛的应用。

在使用检具检测时,需要遵从冲压件检具检测技术规范,其主要内容包括:

1. 工具使用要领

① 钢直尺的使用:钢直尺在使用过程中要保证与检测面的垂直,需要注意的是在检测料边时钢直尺应垂直于检具的 0mm 或 3mm 线,而不是板件的料边。读数时眼睛要与刻度保

持在同一水平面。

② 三角间隙尺的使用：由于检测是以检具为基准，间隙尺在使用时统一为一边要紧贴检具面，读取板件与间隙尺另一边结合位置的数值。

2. 检具测量步骤

① 检具检测机构全部打开。如图 5-17 所示。

② 制件上检具进行初定位。如图 5-18 所示。

图 5-17　检具检测机构全部打开

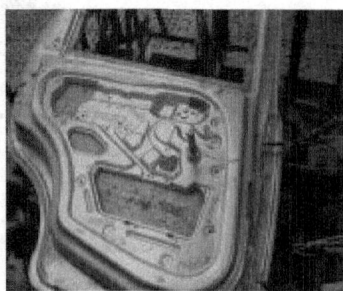

图 5-18　检具进行初定位

③ 插入主定位对制件进行定位。如图 5-19 所示。

④ 插入辅助定位。如图 5-20 所示。

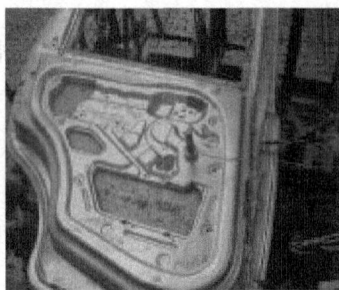

图 5-19　插入主定位对制件进行定位

图 5-20　插入辅助定位

⑤ 依次对制件进行夹紧。如图 5-21 所示。

⑥ 制件料边检测。如图 5-22 所示。

图 5-21　依次对制件进行夹紧

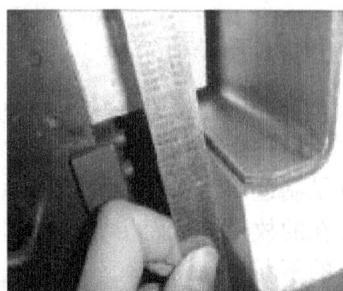

图 5-22　制件料边检测

⑦ 制件孔检测。如图 5-23 所示。

⑧ 型面间隙检测。如图 5-24 所示。

图 5-23　制件孔检测

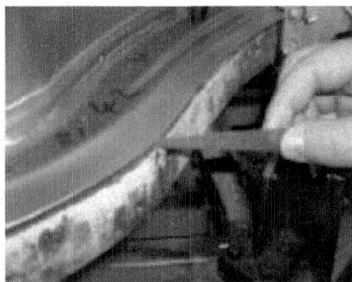

图 5-24　型面间隙检测

3. 注意事项

① 将制件与检具型面贴服摆放，注意轻拿轻放，避免制件碰撞变形。

② 首先将定位销插入，对检具进行定位，先插入主定位销，后插入辅定位销。

③ 将检具上的夹爪和断面样板依次夹紧。

④ 参照检具切边线对冲压件轮廓进行检查，确认是否存在少料、多料现象。

⑤ 利用检测销及参照检具目测孔，对冲压件的孔位、孔径进行目视检测，确认制件是否有偏孔、孔径不一致等现象。

⑥ 用三角塞尺检测制件间隙值，使用钢直尺检测制件料边。

⑦ 读取数值，尽量不要斜视，保证读数的准确性。

⑧ 数值记录，如实记录，对偏差的检测点作标记。

⑨ 冲压件异常问题处理及优化流程参见生产企业的生产文件。

本 章 小 结

1. 车身冲压件常见缺陷包括外观缺陷、功能尺寸缺陷及返修缺陷三种。

2. 车身冲压件的检验方法有外观检验法、尺寸检验法及冲压件检具检测法三种方法；

思考与练习

1. 叙述车身覆盖件冲压生产中常见的质量缺陷有哪些？

2. 覆盖件冲压生产中常用的检验方法有哪些？

3. 使用检具检验覆盖件，其具体操作步骤是什么？

第6章 汽车冲压安全保护

1. 认识汽车冲压安全保护装置的种类、结构及工作原理。
2. 认识冲压生产中的危险性识别。
3. 认识汽车冲压生产中的安全管理。
4. 认识汽车冲压安全规程。

冲压生产具有危险性大和事故多发的特点，且一旦发生事故所造成的伤害一般都较为严重，所以相当一部分冲压作业人员在生产中心存畏惧，负担较重，这样的心理对作业安全有很大影响。因此，冲压生产中的安全保护是一项重要内容。下面就冲压中的危险性识别、人身安全保护装置、冲压安全管理及冲压安全规程作一些介绍。

6.1 冲压中的危险性识别

6.1.1 冲压中的危险性

根据发生事故的原因分析，冲压作业中的危险主要有以下几个方面：

1. 设备结构具有的危险

相当一部分冲压设备采用的是刚性离合器。这是利用凸轮机构使离合器接合或脱开，一旦接合运行，就一定要完成一个循环，才会停止，假如在此循环中手不能及时从模具中抽出，就必然会发生伤手事故。

2. 带病运行

使用带病运行的设备极易发生事故。

3. 动作失控

设备在运行中还会受到经常性的强烈冲击和振动，一些零部件变形、磨损以至碎裂，引起设备动作失控而发生危险的连冲或事故。

4. 开关失灵

设备的开关控制系统由于人为或外界因素引起的误动作。

5. 机械性伤害

设备的转动、传动部位可能造成机械性伤害事故。

6. 模具的危险

模具担负着使工件加工成形的主要功能，是整个系统能量的集中释放部位。由于模具设计不合理，或有缺陷，没有考虑到作业人员在使用时的安全，在操作时手要直接或经常性地伸进模具才能完成作业，就增加了受伤的可能。有缺陷的模具则可能因磨损、变形或损坏等原因在正常运行条件下发生意外而导致事故。

7. 作业环境的危险

作业环境中的危险因素是多方面的，但从导致冲压事故的可能来看，主要是以下几个方面：

① 设备布局不合理。一般冲压车间的设备布局应按产品的工艺流程布置，但实际上有些冲压车间是将设备按类型排列的，这样就使工件和原材料在车间重复周转，造成生产场地拥挤，安全通道和设备间隔被占用，作业空间缩小，作业者操作受到妨碍。另外一种情况是设备排列过于拥挤，作业人员互相影响和干扰，以致操作失误的可能性大大提高。

② 工位器具和材料摆放无序。造成此种情况发生的原因可能是场地拥挤、混乱所致，也可能是作业者人为的原因。在此情况下作业人员的操作动作无规则，难以达到标准化要求，可能由于手脚配合失调而出现操作失误和其他意外。

③ 机台附近物品堆放过多、过乱。由于工件和材料不能及时转送，废料不能及时清理，可能使物品堆放过多而倒塌，以致碰触开关而使冲床误动作。

④ 座位不稳，高度不当。这会使作业人员操作时动作勉强，重心不稳，从而易于疲劳或由于身体失衡发生意外。

此外，车间里的振动和噪声、作业信号及其他工种的作业干扰等，对冲压作业人员的安全操作都有明显的影响，都具有引发冲压事故的危险。

8. 作业行为的危险

① 不安全行为。具体表现为：操作准备不充分、操作方法不当、作业位置不安全、操作姿势不正确、动作不协调、工具和防护用品使用不当等。

② 不良的生理、心理状态和性格特点。不良的生理状态直接表现为生理缺陷，如视力、听力不佳及其他功能失常等都会使作业者在工作中判断失误或动作失调。不良的心理状态则表现为心理疲劳，情绪不稳，作业者可能因此而产生一些下意识行为和动作失误，也可能出现明知故犯、违章作业等非理智行为，还会使作业者表现出责任心不强、心理紧张、精力不集中。不良的性格特点，则无论是马虎愚钝还是急躁轻浮，其表现在作业行为上都有一定的危险性。

6.1.2　危险源的标识管理

如何提高作业人员对危险的识别能力呢？除了对他们进行经常性的和专门的冲压安全技术培训以提高安全技术水平外，较容易做到的工作就是对冲压作业系统中的危险源进行标识管理。一般标识工作应考虑以下几个方面：

① 车间标识：对于集中作业的冲压车间应进行专门的安全管理，车间要有明显的安全警语和安全标志牌，并制订严格的安全管理制度和安全操作规程。这些规章制度力求简明扼要，用醒目文字展示于车间合适的地方。

② 区域标识：按国家有关标准要求，车间通道和作业场所应以区域线分开。车间通道

用白色粗线按标准要求画出，画出的通道应保持畅通，不得任意挤占。作业场所用黄色区域线画出，范围应以作业点为中心，以操作空间大小为基准，画出合适的作业区域。

③ 设备标识：冲压设备形式多样，一般可从其吨位大小、运行速度、综合安全性能考虑进行分类挂牌标识。分类办法可采用 ABC 分类管理方法，对综合危险性较大的设备挂红色 A 牌，次之挂蓝色 B 牌，一般不易发生事故的设备挂绿色 C 牌，并让职工了解三种牌子的含义，使职工一上岗就可看出设备的危险性。

④ 模具标识：可按国家标准要求，对使用的模具分别涂红、黄、蓝、绿色。对无防护装置而手又经常要伸入模具间的危险模具涂以红色；一般模具涂黄色；已附有防护装置或可用辅助送料工具的模具涂蓝色；安全模具涂绿色。为方便模具管理和易于识别，色标应涂在下模底和正前方。

⑤ 工艺标识：根据有关工艺制定标准规定，冲压作业工艺制定应考虑到职工操作时的安全。对工艺过程中可能出现的危险，要编写相应的工艺措施，并在工艺卡上标出。但目前不少冲压加工工艺人员没有做到这一点。某些不合理的危险工艺也是导致事故的原因，因此，在制定加工工艺时，必须对所用设备和模具以及所用材料等都要做到心中有数。限于条件必须要采取一些危险的工艺步骤时，必须要在工艺文件上突出标明其危险性，并对所采取的安全措施作出具体要求。

6.2 人身安全保护装置

人身安全保护装置是附属于压力机上的一种保障人身安全的装置。各种保护装置随其约束情况不同，在生产效率的提高、省力、安全三方面的体现各不相同。提高效率是指各种保护装置在使用中所允许的最大辅助时间的长短；省力是指各种保护装置在使用中由于安全距离的限制所引起的劳动强度减小；安全是指各种保护装置所控制压力机的部位和其本身的可靠程度。

人身安全保护装置根据不同的形式，可分为双手结合式、机械式、机械-电器式及自动保护式等多种。

6.2.1 手用工具安全保护

常用手用工具有夹子、镊子、钳子、磁力吸盘、电磁吸盘及真空吸盘等，手用工具要根据冲压件的尺寸、形状和重量来选择。它主要是代替操作者的上下料，避免操作者的手直接进入上下模之间。手用工具的安全保护装置主要以双手结合式为主。

双手结合式保护装置即操作者必须用双手同时压下两个手柄，或一个手柄和一个电钮，或两个电钮等，滑块才能起动。这是为了滑块在下行程时，限制性地保证操作者的手离开危险区，以确保其安全。这种保护装置主要有双手柄联锁式、双手按钮及安全按钮等形式。

1. 双手柄联锁装置

如图 6-1 所示，装置中只有双手柄 1 同时按下，起动杆 2 才能被压到底，起动装置方能结合。单独地按哪个手柄都不能使起动杆 2 压到底，也就不能使起动装置结合。该装置一般用于小型压力机和台式压力机上。

2. 双手按钮

双手按钮用于单次行程操作时保护操作者的人身安全。其原理就是，必须用双手同时按下两个起动按钮，滑块才能起动。而双手又必须一直按到滑块下行程完了才能松开，滑块再自动回程到上止点，在滑块下行程时，不管松开一个或两个按钮，滑块会立即停止。双手按钮可分为单人操作和多人操作两种。

① 单人操作。如图 6-2 所示，装置中只有用双手同时按下 2SB、3SB，KA 才有电，滑块才能起动。并且要一直按到凸轮开关 S 为闭路时，方可松开双手，滑块再自动回程。凸轮开关 S 的压开角一般为 135°～150°。

② 多人操作。如图 6-3 所示，多人操作原理与单人操作所示的相同，只是同时需要三个人的双手都按下按钮滑块才能起动。1S、2S、3S 为操作人员操纵的开关。

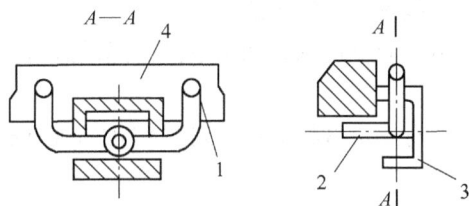

图 6-1　双手柄联锁装置

1—手柄　2—起动杆　3—罩壳　4—工作台

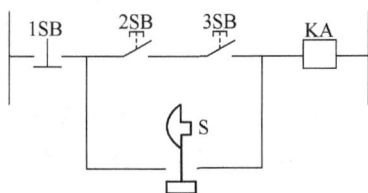

图 6-2　双按钮

双手按钮适用于带有摩擦离合器或带有可动刚性离合器的压力机。如果在刚性离合器压力机上使用，则双手按钮的位置还要保证有安全距离。

3. 安全按钮

安全按钮的原理是将单次行程的上止点停车改为曲轴转至 90° 左右时停车，并配合双手（或单手）安全按钮。如在曲轴转至 90° 前按下安全按钮，则可以使压力机连续行程，这样就比正常的单次行程操作增加了约四分之一的曲轴回转角的辅助时间，而在 90° 前没有按下安全按钮，则滑块会停止在一定高度上，保障了安全。

安全按钮的原理如图 6-4 所示。

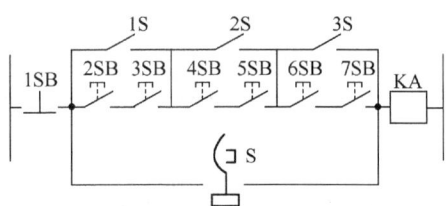

图 6-3　多人操作双手按钮

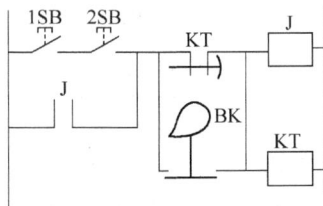

图 6-4　安全按钮

凸轮开关 BK 是在曲轴转到 90° 左右时断开触点的，在未断开触点前，双手同时按下按钮 1SB、2SB 时，滑块能连续行程，反之滑块则停止在一定高度上。时间继电器 KT 是为了按动安全按钮后，使凸轮开关 BK 在断开触点时间内使继电器有电。

安全按钮装置仅仅适用于手工上下料，工作节拍略小于压力机连续行程的节拍。在偶然发生上下料的节拍大于压力机连续行程节拍时，压力机则在 90° 左右处停车，避免人身安全事故。一般压力机的行程次数在 15 次/min 以下时比较适用。

6.2.2　机械式保护装置

机械式保护装置是压力机滑块在下行程及下止点时，用机械结构的形式将危险区隔绝或强制地将操作者的手臂移出危险区，以保障其安全。

机械式保护装置的结构简单，可靠性强，特别是在防止压力机滑块的起动机构失灵而发生连续冲压，或滑块意外地滑冲下来时，能很好地保障安全。因为机械式保护装置与压力机滑块是联动的，保护装置的动力来源于滑块，只要滑块向下移动，就把操作者的手移出危险区。

机械式保护装置的种类较多，大体上可分为防护栅栏式、拨手器式、挡板式及套手牵引式等。

1. 防护栅栏式

防护栅栏式保护装置的原理是把危险区在危险时间内用栅栏围起来，以防手臂进入。防护栅栏一般由滑块直接带动，也有由起动装置闭锁的气动装置带动的方式。

防护栅栏式保护装置的形式有由后向前摆出式、由上向下运动式和由下向上运动式等多种形式。

防护栅栏保护装置的缺点是在操作者和模具之间若有一机械物运动，对操作者的视觉有一定的影响，会引起操作者精神上的疲劳。

防护栅栏式保护装置在小型、中型及大型压力机上均可采用，也可用于单次行程操作。栅栏的设计，特别是固定栅栏的间隙，应遵守的数值见表6-1。

表6-1 栅栏间隙表

栅栏与模具边缘距离/mm	栅栏间隙/mm
0 ~ 40	6
>40 ~ 60	10
>60 ~ 90	13
>90 ~ 140	16
>140 ~ 160	20
>160 ~ 190	23
>190 ~ 210	30

2. 拨手器式

拨手器有的由左向右摆动，也有的由右向左摆动，其典型结构如图6-5、图6-6所示。在设计时应注意以下事项：

① 当压力机封闭高度调节时，该装置应能方便地作相应调节。

② 摆杆1的运动曲线力求在模具前的速度尽可能慢一些。

③ 在更换模具时，摆杆1应能搬升到水平位置以方便操作。

拨手器的缺点与防护栅栏式保护装置相同，拨手器一般用于刚性离合器的压力机。

3. 挡板式

挡板式一般有左右平移式和前后摆动式两种形式。

左右平移式如图6-7所示。用连杆作动力源，这样可以减少调节压力机封闭高度时的相应调节机构。护板一般由透明的有机玻璃制成，对操作者的视觉妨碍略有好转。

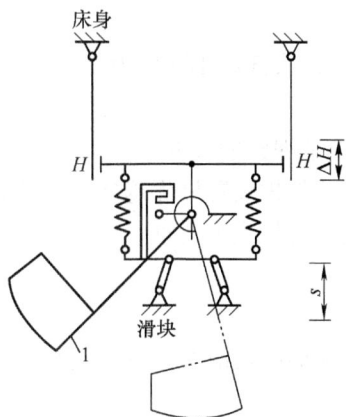

图 6-5　拨手器一

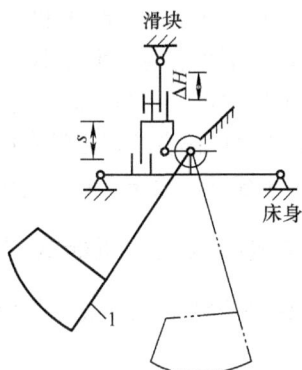

图 6-6　拨手器二

如图 6-8 所示为由后向前摆出式。这种形式设计得好时，可以护手，又可以在滑块回程时接料。

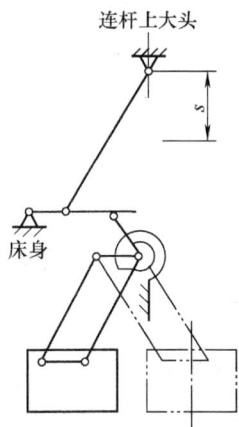

图 6-7　左右平移式挡板

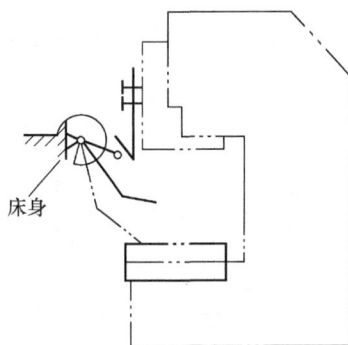

图 6-8　前后摆出式挡板

挡板式保护装置一般用于带有刚性离合器的压力机上，且只能用于单次行程操作。

4. 套手牵引式

套手牵引式可分为正面式（如图 6-9 所示）和倒背式（如图 6-10 所示）两种。设计该装置时应注意如下事项：

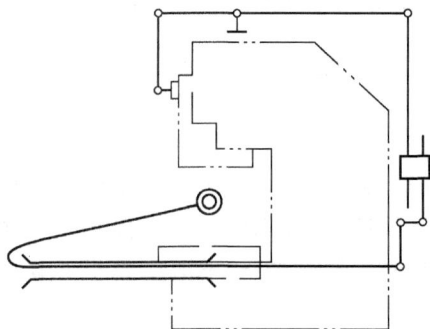

图 6-9　正面式套手环

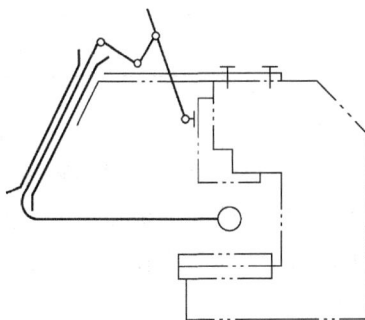

图 6-10　倒背式套手环

① 套手环要卸料容易、可靠。

② 滑块在上止点时，绳索的长度以使操作者能摸到自己头部和小腿部为准。

③ 滑块在下止点时，手应不可能触及模具边缘。

④ 调节压力机封闭高度时，应有相应的调节机构来调节绳索的长度。

该类装置对操作者的视觉没有影响，这是比其他机械式保护装置最优越之处。该装置可以使压力机作连续行程操作，所以它用于带有刚性离合器的压力机最为适宜。

6.2.3 与电器联锁的机械式保护装置

该类保护装置通过机械物来探触手臂是否在危险区，从而决定滑块是下落还是停车，以保障安全。

该类保护装置所存在的缺点与机械式保护装置一样，会影响操作者的视觉，并且存在着自动保护方面的缺点，即事故信号首先传送至起动滑块的电器部分，然后控制滑块的动作。其优点是，结构简单，在发生危险之前，有一机械物先触碰手臂一下，由于人体的本能反应，操作者会马上把手臂缩回来，所以要求的安全距离不严格。

该类保护装置种类很多。大致可分为探板式、翻板式和探栅栏式等几种形式。

1. 探板式

图 6-11 和图 6-12 分别为两种形式的探板式保护装置的原理图。

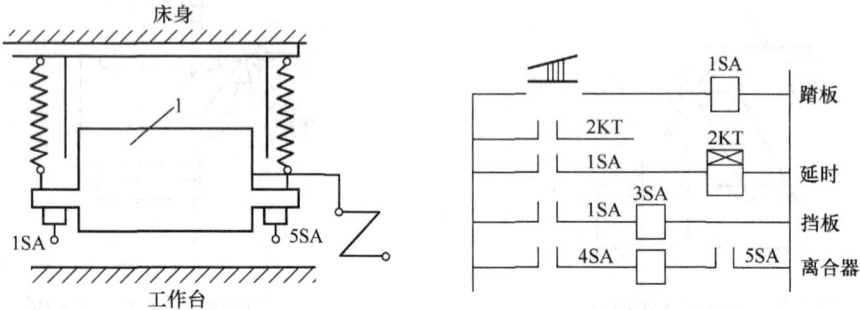

图 6-11　探板式原理图一

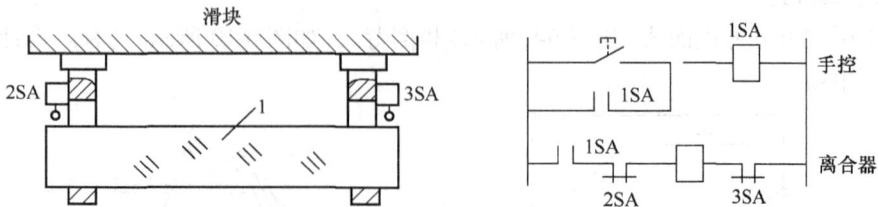

图 6-12　探板式原理图二

图 6-11 所示的原理为，踏下踏板开关后，首先接通电磁铁 3SA，并把探板 1 拉下，如果在危险区没有手臂，则开关 5SA 被工作台压合，离合器才能接通，否则离合器不能起动。时间继电器 2KT 是为了使探板 1 在下止点停留到滑块开始回程时，电磁铁 3SA 断电，探板 1 由弹簧拉回到上止点。

该装置适用于带有刚性离合器的压力机上，只能作单次行程操作。

图 6-12 所示的原理为,保护装置固定在模具前的滑块底面上,随滑块上下移动。在滑块下行程时,如果人手没有离开危险区,则探板 1 先触到手臂,接通开关 2SA 或 3SA,压力机离合器脱开,滑块停止,保障安全。

该装置适用于带有可动刚性离合器和气动摩擦离合器的压力机上。

2. 翻板式

该装置分为自动开机的翻板式(如图 6-13 所示)和手动开机的翻板式(如图 6-14 所示)两种形式。

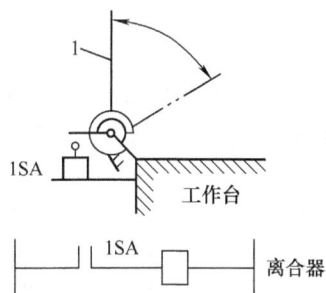

图 6-13 自动开机翻板   图 6-14 手动开机翻板

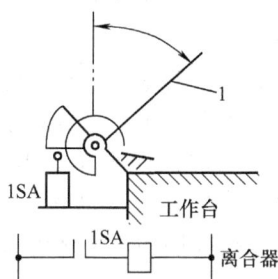

图 6-13 所示的为自动开机的翻板式结构,在工作台前面放一块能摆动的透明有机玻璃护板,并由开关 1SA 来控制压力机离合器的起动,当手在危险区时,护板 1 压下,1SA 不接通,保障了安全。手离开护板 1 时,护板在弹簧作用下转到直立位置,1SA 接通,离合器起动。

图 6-14 所示的为手动开机的翻板式结构。它是在上下料完成后,要用手搬动一下护板 1,使其到直立位置,1SA 接通,离合器才能起动,压力机回程时,护板 1 在弹簧作用下摆到倾斜位置。

翻板式装置适用于带有刚性离合器的小型压力机和带有气动刚性离合器或气动摩擦离合器的中小型压力机上,更适合于坐着操作。

3. 探栅栏式

如图 6-15 所示的为探栅栏式保护装置,其工作原理与探板式的第二种形式相同。该形式一般用于大中型压力机上。图右下角为运动曲线图,a 为滑块运动曲线,b 为栅栏运动曲线。

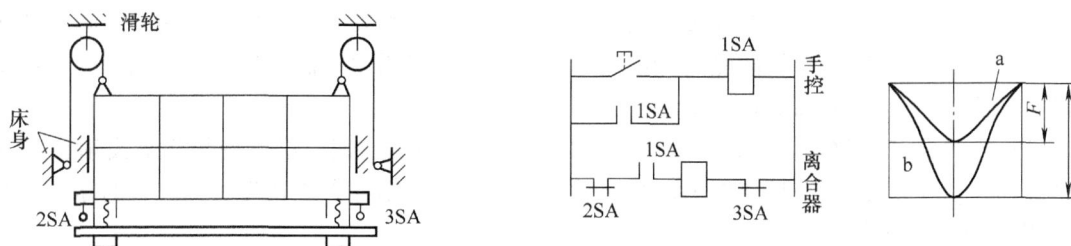

图 6-15 探栅栏原理图

6.2.4 自动保护装置

所谓自动保护，就是在操作者与上下模具之间或在危险区的周围，设置一种不影响视线和操作的光幕、电磁幕等，一旦手臂穿过光幕或电磁幕进入危险区，压力机的滑块会自动停止运动，保障安全。

自动保护装置一般可分为光电式保护和感应式保护两大类。其最大的优点是对操作者的视觉没有影响，因而减少了精神上的疲劳。其缺点是控制压力机的起动装置是电器部分，起动装置以后的事故不能保障。

1. 光电式保护

光电式保护装置是由一套光电开关与机械装置组合而成的。安装位置见图 6-16。它是在冲模前设置各种发光源，形成光束并封闭操作者前侧、上下模具处的危险区。当操作者手停留或误入该区域时，使光速受阻，发出电信号，经放大后由控制线路作用使继电器动作，最后使滑块自动停止或不能下行，从而保证操作者人体安全。

光电式保护以光源来分，可分为可见光式和红外光式两种；以光幕的形式分，可分为直射式、反射式和扫描式等。

（1）可见光式光电保护　可见光一般由白炽灯作光源，灯丝在振动时易断，其寿命较短。但其电器回路简单，成本较低，维修容易，一般适用于中小型压力机。

可见光式光电保护装置主要由光电控制器、投光器和接收器组成。

投光器是由光源（灯泡）和双凸透镜组成，接收器是由双凸透镜和光敏二极管组成。

投光器和接收器的结构如图 6-17 所示。

光电保护装置的安装与调整如下：

1）接线部分。光电控制器和电源开关装在电器柜中，指示灯和"安全恢复"按钮装在操纵台上，不保护区域装置的凸轮安装在曲轴的端面上，行程开关装在机身上。

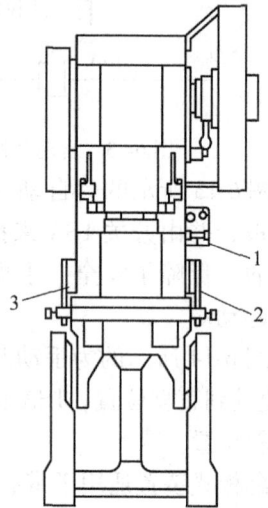

图 6-16　光电式保护装置安装位置
1—控制器　2—接受器　3—投光器

投光器和接收器视压力机类型而定，在闭式压力机上，一般是安装在压力机前面的左右立柱上。后面需操作时，也要安装。在开式压力机上，一般安装在工作台前面的两侧。如妨碍上料，则可以安装在导轨两侧的立柱上。当开式压力机需要三面保护时，在拐弯处可用反射镜或全反射棱镜，如图 6-18 所示。

2）投光器和接收器。投光器和接收器分别安装在机身上时，必须使投光器发射出的光束平行地、准确地照射在接收器上，并通过接收器的聚光镜片聚焦在光敏二极管的球头中心上，以保证正常工作。

光电保护用在带摩擦离合器的压力机上时，只有减少制动角和空气分配阀的动作时间，增大光电控制器灵敏度，才能确保安全。在带刚性离合器的压力机上，光电保护起到当障碍物挡住光幕时滑块停止，但当压力机滑块一旦起动后不起保护作用，为改善这一缺陷，可采

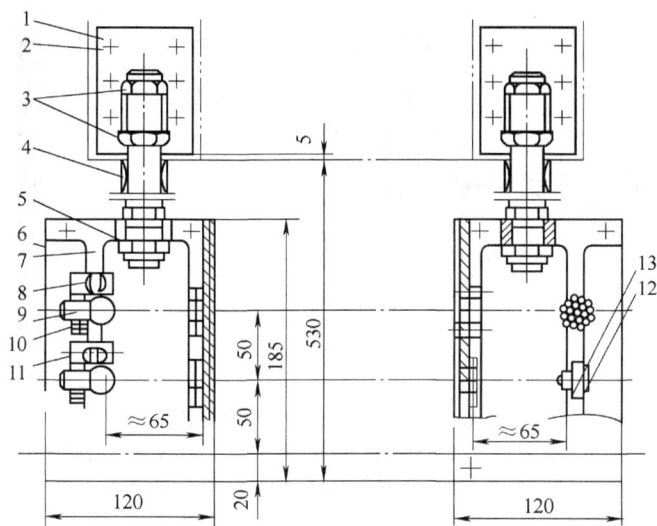

图 6-17 投光器和接收器简图
1—支架 2、8、10、13—螺钉 3、5—螺母 4—连接螺杆
6—器座 7—隔板 9—灯泡 11—调整板 12—夹套

用棘轮式离合器。光电保护用在液压机上效果最好，因为它的制动行程为零。

（2）红外式光电保护 红外式光电保护装置一般由红外发光管作光源，其寿命长，抗振性强，为半永久性的保护装置。它采用调制光，对自检比较容易，但红外式光电保护装置电器回路较复杂，成本较高。一般用于大中型压力机上。

（3）扫描式光电保护 如图 6-19 所示为扫描式光电保护装置。其工作原理为，一束光以 80～100 次/s 的频率扫描全保护高度，以构成光幕。由发射灯 2 投射的光线用聚焦片 3 聚焦，经安装在电动机的反射镜 7，用抛物状反射镜 1 反射到外部，到达反射镜 9，再由反射镜 9 反射至反射镜 1 和反射镜 7，到达半透明的平面镜 4，然后反射到两个聚焦镜片 6，再聚焦到光电敏感元件 5 上，构成光电转换。在滑块下行程时，人手穿过扫描的光幕进入危险区，滑块立即停止，保障安全。

该装置在德国、美国、日本用得较多，其优点是安装、调整容易，但要防止因焦点的偏移和污染引起误动作，且成本较高。

2. 感应式保护装置

感应式保护装置是利用电磁幕把危险区围起来保护人身安全的装置，有电容式、人体感应式等形式。人体感应式保护与人体有关，而每个人的条件均不同，因此其适应性较差，需要经常调整，使其可靠性降低，加之外界的电磁波太多，抗干扰能力也不理想，国内外一直很少使用。然而电磁幕的构成件较容易装卸，有利于更换模具。如果感应式的可靠性与光电

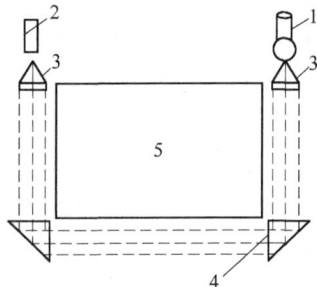

图 6-18 全反射棱镜式
1—投光器 2—接收器 3—透镜
4—全反射棱镜 5—工作台

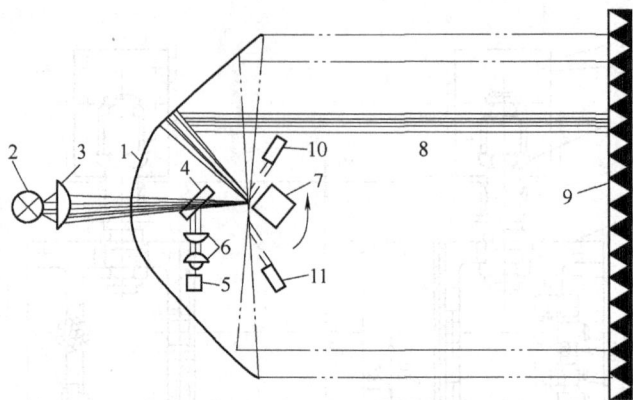

图 6-19   扫描式光电保护装置

1—抛物状反射镜   2—发射灯   3—聚焦镜片   4—半透明的平面镜

5—光敏元件   6—聚焦镜片   7—旋转反射镜   8—扫描射线

9—反射镜   10、11—光敏晶体管

式差不多，则它在中小型压力机上的前途还是相当大的。

如图 6-20 所示为压力机上使用的一种电容式保护装置，其敏感元件放在操作者与模具之间，上下料时必须通过敏感元件的空腔，在手通过空腔时，压力机的滑块停止运动或不能起动，以保证操作者的安全。

如图 6-21 所示为用于 1600kN 压力机上的电容式保护装置的安装示意图。感应器由感应棒、高频插头、同轴射频电缆、绝缘板等组成。感应支架用以支撑感应棒，感应棒用 $4mm \times 20mm$ 扁钢组成，长度视冲模大小而定。

如图 6-22 所示为振荡器原理图，振荡器振荡条件由 LC 电桥中上下两桥臂电容量所决定（通常 $L_1 = L_2$），当上桥臂电容量 C_x（感应棒对地电容）大于下桥臂电容 C_2 时起振，二者相等时停振。

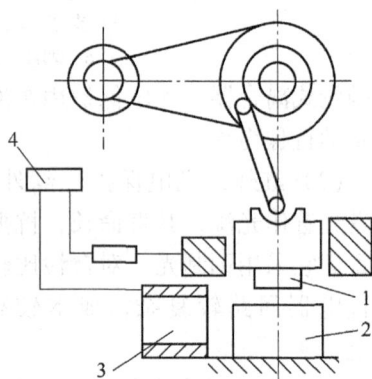

图 6-20   电容式保护装置

1—凸模   2—凹模

3—敏感元件   4—控制器

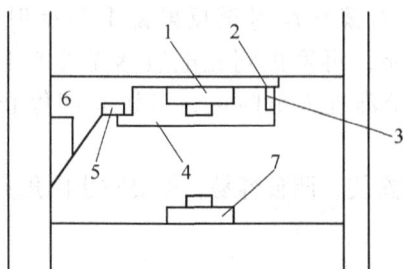

图 6-21   电容式保护装置安装示意图

1—上模   2—感应器支架   3—绝缘板

4—感应支架   5—高频插头

6—同轴射频电缆   7—下模

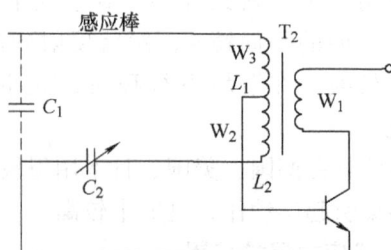

图 6-22   电容式保护装置
振荡器原理图

使用时，将感应支架固定后，调整 C_2，使压力机下行至危险区时，$C_2 = C_x$，绿灯亮。当手伸入冲模时，感应棒对地电容增大，振荡器起振，此信号经放大、检波、功放后，使继电器吸合，红灯亮。手拿出后，则红灯灭，绿灯亮，这说明已调整好，可以用于生产。

电容式保护装置具有防振、装卸方便、结构简单、坚固耐用等优点。但由于是人体作导体，与地构成一个电容，其电容量的大小与人体的胖瘦、穿的鞋袜的不同，以及靠近地面的程度有关，所以需要对各种情况进行及时调整。

3. 气幕式保护装置

如图 6-23 所示的为气幕式保护装置。

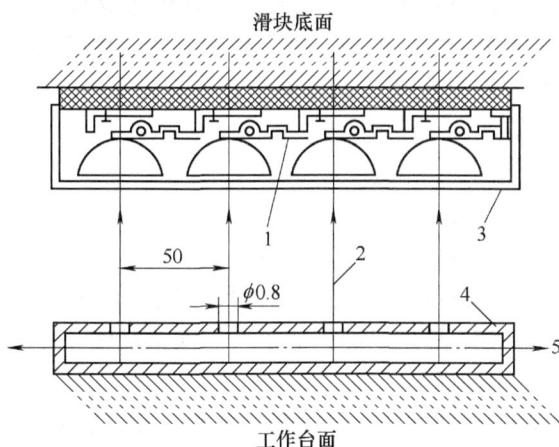

图 6-23 气幕式保护装置
1—常开触点 2—气流 3—接收器 4—气射器 5—压缩空气

在危险区和操作者之间用气幕隔离，一旦操作者的手或其他部位挡住气幕，就会使起动装置的控制线路断开，压力机滑块立即停止运动。

气幕式保护装置由气射器和接收器两部分组成，压缩空气由气射器上的数个小孔射向接收器相应的接收碗上，使接收器的常开触点（串联在压力机的起动装置控制线路中）接通，压力机正常工作。一旦挡住气幕，接收碗靠自重断开常开触点，滑块便停止运动。

该装置的保护区域是按需要调整的，不是全行程保护，一般是接收器随滑块一起运动到与气射器相距 200mm 以下时，气射器才开始射气，由此到下止点为保护区域，它是由凸轮控制压缩空气的放气和闭锁，起动滑块控制线路进行控制的。

气幕式保护装置的动作较可靠，结构简单，成本低。但冬季操作时气流太凉，需将压缩空气预先加温，另外要随时清理射气孔，以防堵塞。

6.3 汽车冲压作业安全管理

汽车冲压作业的管理是一项综合性的工作，它不仅要有技术措施，而且要有较严格、较健全的管理办法。下面分别对冲压作业安全管理所涉及的有关内容加以说明。

6.3.1　工艺管理

1. 工艺文件

工艺管理的重要内容是建立内容完整的工艺文件。工艺文件中应体现的安全要点有：作业的安全性分类，安全装置和设施，作业的行程规范，操作安全要点，作业人员安排和工作场地布置。

2. 安全措施和防护装置

安全措施和防护装置是根据具体作业情况配置的，既要保证作业安全，又要照顾作业方便，为了使安全装置更好地发挥作用，要求操作人员按规定正确使用，以保证自身安全。同时还要与有关人员（安全人员、技术人员）深入研究和分析作业状况，提出安全器具的改进意见，进一步发现并杜绝该项作业中的隐患。每一种作业新使用的安全器具都应在生产实践中进行多次验证和改进，保证器具定型，保障安全。安全器具一经定型后，就应保证备件供应，以便在需要时随时使用。

3. 作业的行程规范

拟定行程规范的一般原则是：

① 开式冲床进行单件送料时，采用单次行程。

② 闭式冲床尽量采用连续行程，但是在制件尺寸较大且操作复杂的工序中，为保证质量仍应规定采用单次行程。对于那些已经采取了可靠安全措施、作业并不十分复杂的工序可以折衷处理，采用间断连续的规范。

③ 无论是连续行程规范还是单次行程规范，凡手入模区操作的工序都应配备保障人身安全的防护装置，绝不能把单次行程作为唯一的安全措施。

4. 操作的安全要点

它是指某一具体作业工序的送料、定料、出件和清废料方式，一般以简洁的文字表示在工艺文件中。

操作要点是冲压工人生产经验的总结，主要内容应由操作人员根据作业的具体情况讨论决定。但是操作中的许多动作，特别是手法和节奏常常因人而异，应该对这方面经常研究，总结提高，把冲压操作规范化，从而归纳出科学的操作方法。

从安全角度出发，各项操作本身是否存在危险，各项操作之间有无人员动作的协调配合，应该配备什么样的安全器具，都是劳动保护的主要内容，工艺文件上应有说明。

5. 作业人员安排和工作场地布置

它是保证操作安全和文明生产的重要方面，主要内容包括：

① 操作人员的工作位置及其主要承担的工作任务。

② 对于操作人员可以坐着操作的工序，应配备标准高度且舒适方便的座椅。

③ 毛坯料、成品件及废料的堆放位置。

④ 现场不允许有其他杂物，不允许成品和废料零散堆放，不允许工作场地存在油污废液。

6.3.2　冲压模具管理

搞好模具安全管理必须做好以下几项工作：

1. 冲压模具使用前后检查和保养

① 冲压模具要指定专人管理，投产和入库前要经过检查，发现损坏的模具应不投产，不入库。

② 模具使用后要按冲模使用记录卡的内容要求填写相应资料，积累模具的原始资料。

③ 模具入库前必须经过清洗或清理，并应在有关工作面上，活动或滑动部分加注润滑剂和缓蚀油脂。

④ 模具库应有模具管理账目，管理人员应对出入库的模具及时登记，包括模具所需的安全装置和安全工具。

⑤ 模具的存放应遵循如下要求：大型冲模应堆放在楞木或垫铁上，每垛不得超过三层，高度不应超过2.3m；中型冲模视其体积和重量进行存放，垛放高度不应超过2m；小型冲模应堆放在专用模架上，模架结构必须坚固、稳定。

2. 不同类型模具要涂以不同色标

模具使用前，要将模具按其对人身安全构成的威胁程度不同加以分类并涂色。

（1）危险模具 用手在上下模口内拆装制件的模具，必须用红色油漆标明。

（2）安全模具 手不进入上下模口内操作的模具，用黄色油漆标明。

（3）自动模具 配有自动上下料装置的模具，用绿色油漆标明。

6.3.3 冲压设备安全防护装置的管理

冲压设备及防护装置的安全管理包括下列内容：

1. 冲压设备和安全防护装置的维护保养

① 严格遵守技术操作规程，规程必须对冲压设备及安全防护装置的结构、性能、操作、调整、使用及维护等方面作出技术上的明确规定。

② 冲压设备和安全防护装置要经常添加润滑油，减少零件磨损，保证设备的正常运行。

③ 作业前必须认真检查设备的操纵系统、安全防护装置、电器系统和主要的紧固件等，观察运转中有无特殊声响或其他异常情况等，发现故障和隐患立即停机修理，严禁带"病"运行。

2. 冲压设备和安全防护装置的维修制度

① 写出检修项目。根据冲压设备和安全防护装置经常发生的故障，可能出现的隐患以及容易磨损的部位制定修理计划，确定专人负责，定期检查维修。

② 实行经常性的定期点检。由检修人员按点检规定的项目、时间定期进行，做好记录（这是为弥补冲压设备及其安全装置在技术上的不足而采取的一个重要管理措施）。

③ 安全防护装置应纳入正常管理范围，并将它列为设备完好内容的一部分加以考虑。明确设备附件并提供必要的备件，保证修理和更换。

④ 安全防护装置是保障人身和设备安全的技术措施。技术部门应向设备部门提供完整的技术资料，使操作人员、维修人员和安全管理人员对安全防护装置全面了解，正确使用、维修。

6.3.4 冲压作业计划管理

生产作业计划的编制目的是指导、组织、管理生产。因此，应深入调查研究，掌握生产情况，按产品结构和生产规模合理制定一系列有关数量和期限的作业计划，防止生产脱节和停机过多，使冲压制件有节奏地生产。生产过程中还需加强生产调度工作，这种正常的计划调度十分有利于安全，如果生产作业计划和调度不当，就必然会造成无节奏、不均衡，出现前松后紧、突击加班等无计划状态，这不仅容易发生伤害事故，而且会降低产品质量，造成大量浪费，给企业带来许多不良后果。

6.3.5　安全教育

安全教育的形式有三级安全教育、经常性安全教育、专门培训教育。

（1）三级安全教育　它是指厂级、车间级、小组级的安全教育。三级安全教育的内容有所不同，新工人进厂，工厂一级要进行工厂安全生产情况和厂安全要求、注意事项等初步安全教育和训练。车间一级要进行车间安全生产知识和规章制度教育，重点讲解安全生产的意义，本单位伤亡事故的典型案例及事故发生的主要原因。小组级要进行冲压安全操作规程的教育，介绍本工种的工作性质、职责范围、生产情况，介绍冲床的特点，冲床伤害事故发生的原因和预防措施等。上述三级教育主要通过讲课、谈话及实地参观等方法完成。

（2）经常性安全教育　进行经常性的安全教育要力求形式多样、生动活泼。如开展找事故找隐患竞赛、安全知识竞赛等多种方式，也可以采取开展以百日无事故为内容的安全生产竞赛活动，调动群众的积极性，清除各种违章作业和事故隐患。

（3）专业培训教育　它是通过培训教育把安全知识与工艺、设备、模具等有关知识有机地结合起来，提高工人的技术水平，使冲压工人和管理人员在掌握专业知识的同时提高安全操作的技能和技巧。专业培训教育的内容还应包括对冲压作业中的各种危险因素及隐患的分析和采取的处理措施，在实际生产过程中使冲压工人和安全检查人员都能够分析和解决每一道工序、每一套模具存在的危险因素。

在开展各种教育的过程中，为了了解和考核冲压工人及管理人员的安全技术水平，必须定期组织考试，并将考试成绩记入档案。

6.3.6　安全生产责任制

根据"管生产的必须管安全"的原则，应对企业的各级领导、职能部门、工程技术人员和生产工人应负的安全责任加以明确规定。职能的划分要点如下：

1. 职能部门各司其职

工艺部门负责将安全技术措施和安全管理措施内容纳入工艺文件。工艺文件必须体现出保护操作工人的立法条文，保障操作工人的安全健康。

技术部门负责模具、安全装置的设计，要按照工艺文件和设计任务的要求进行，不允许设计危害工人安全的模具和装置。新设计的模具必须由厂部组织审核，并由车间安技部门鉴定之后方可投入生产。

设备部门负责把经过验证鉴定的安全装置纳入设备管理范围并考核其完好率。在设备大修时，要同时考虑安全装置的更新。

安全技术部门要督促检查安全措施和各项安全管理制度的实施情况，发现问题后及时督促有关部门解决，并协助有关部门提高冲压安全技术和管理水平。

2. 厂、车间、工段主要负责人要认真负责

凡手入模区操作的冲压作业，必须提供安全可靠的防护装置或其他安全技术措施，并实行有效的管理方法，保证各种安全技术措施发挥有效的防护作用。凡是无防护措施而发生的人身伤害事故应由厂、车间、工段主要负责人负主要责任。

3. 班组长负责本班组的现场安全作业

班组长应监督和指导冲压工人执行有关规章制度，发现违章作业要及时制止并提出严肃批评，根据有关规定进行处理。发现隐患要及时报告并协同有关部门解决。凡是由于放任工人违章作业造成的冲压事故，必须由班组长全部负责。

4. 冲压操作工人要按安全规程操作

要坚持正确采用防护装置和安全措施，严格遵守安全操作规程和工艺文件。凡是本人违章而造成的伤害事故由自己负责。

6.3.7 制订冲压作业安全生产管理办法

冲压安全生产管理办法的范围应包括以下内容：

① 冲压作业有具体明确的操作规程和工艺文件，冲压工按规程和工艺要求进行作业，对于不安全的危险作业可拒绝接受。

② 针对维修人员应有保证冲压设备和安全装置正常使用和维修的有关规定和要求。

③ 模具管理部门和人员应有保证模具和安全工具等正常供应的具体管理办法。

④ 必须有模具设计人员应遵循的冲模设计安全规范。

⑤ 安全和技术人员负责修改安全操作规程等。

⑥ 要明确各级领导和管理人员的冲压安全生产责任制。

6.3.8 安全生产检查制度和奖惩制度

1. 安全生产检查制度

安全生产检查范围应包括下列内容：安全设施的技术状况和使用情况；安全操作规程的执行情况；安全管理的实施情况及实际作业的安全状况等。

① 在冲压生产班组加强管理和检查的基础上，车间领导和安全员要随时对冲压安全生产的情况巡回检查，建立安全巡回检查制度。检查的重点为：防护装置是否能坚持正确使用；有故障的安全设施是否及时维修；安全装置的技术状态是否完好；工艺文件中有关安全的要求是否得到贯彻。除现场纠正违章行为外，还必须做好违章、隐患及问题的记录工作。

② 厂安技科要每天深入生产现场检查安全情况和各项制度的贯彻落实情况。检查的重点是：车间巡回检查情况；安全装置的技术状况和管理状况；各职能部门所管辖的安全工作和安全管理制度的执行情况。在检查时还要听取各方面群众的反映，发现问题要及时研究处理。

2. 奖惩制度

对安全生产、遵章守纪的职工进行表扬，并给予物质鼓励，对违纪者给予必要的严惩。对如下人员必须给予经济处罚或行政处分。

① 无故拆除和不按规定正确使用安全装置的操作人员。

② 不按要求检查安全装置，不能及时维修安全装置，不能保持安全装置良好技术状态的维修人员。

③ 违章指挥的领导者。

④ 工作不认真，对违章作业不检查、不记录的安全人员。

⑤ 不按制度要求完成本身安全职责的其他工作人员。

6.4　汽车冲压安全生产规程

据国外有关资料介绍，冲压车间出现事故的概率一般比其他机械行业高三倍。虽然随着科学技术的不断发展，整个汽车冲压领域基本上全部采用了全封闭降噪结构以及自动化机器人的搬运方式，但是由于冲压车间存在的交叉作业较多，如叉车、牵引车、天车以及冲压生产设备等，这些都存在着重要的安全隐患。因此，在进入冲压车间工作之前，都要进行三级安全教育。三级安全教育主要包括：一级教育由公司安全部门负责，内容有国家劳动保护、安全生产法规、法令、政策，公司的安全制度、安全管理概况、事故案例分析等；二级教育由车间经理负责，内容有本单位工作特点、危险设备、尘毒分布点、预防措施等；三级教育由班组长负责，介绍本班组的设备状况、岗位上的注意事项、安全生产操作规程、安全防护装置及劳保用品的正确使用等。未经过三级安全教育的人员不能从事冲压车间的相关工作。工人在从事冲压相关作业之前，也必须遵守相关设备的操作规程。

下述的有关冲压车间安全规程是企业实践经验的一些总结。但无论如何，企业或单位在制定安全规程时应遵守国家以及当地的安全法律、法规以及相关规定。

6.4.1　一般冲压工安全操作规程

① 工作前应穿戴好劳动护具。

② 开车前应详细检查机床各转动部位安全装置是否良好。主要紧固螺钉有无松动，模具有无裂纹，操作机构、自动停止装置、离合器、制动器是否正常，润滑系统有无堵塞或缺油，并进行空车试验，如有迟滞、连冲现象或其他故障要及时排除，禁止带病作业。

③ 安装模具，必须将滑块开到下止点，闭合高度必须正常，尽量避免偏心载荷，模具必须紧固，并通过试压检查。

④ 使用的工具零件要清理干净，冲压拉延工具应按规定使用。

⑤ 工作中注意力要集中，严禁将手和工具等物伸进危险区域内，取放小工件要用专业的工具操作。

⑥ 工作中冲床的转动部位和模具不准用锤子打或用手去擦。工件如沾在模具上及模具上有脏物或往冲具上注油时，必须用专业工具进行。

⑦ 发现冲床运转或声响异常（如连击爆裂声）应停止送料，检查原因，如果是冲具有毛病或零件堵塞在模具内需清理。如果是转动部件松动，操纵装置失灵等均应停车检修。

⑧ 每次冲完一个工件时，手和脚必须离开按钮或踏板，以防失误操作，凡有脚踏板的冲床，须有脚踏板垫铁，不操作或工作完毕时，一定要将垫铁垫在闸板上。

⑨ 如发现冲头有自动落下，或有连冲现象时，应立即停车检查修理，决不准带病运行。

⑩ 机床在运转过程中，严禁到转动部位检查与修理，需到机床顶部工作时，必须停车关闭电源，下边有人监护才可进行。

⑪ 两人以上操作时，要相互配合协调一致。

⑫ 油压冲床的各种仪表要保持较高的灵敏度。

⑬ 大型曲轴压力机和油压机等，上部安全栏杆和手扶梯子，必须保持完整牢靠，如有操作损坏应及时修理。

⑭ 工作完毕滑块应在落下位置，将模具安置好断开电源（或水源），并进行必要的清扫。

6.4.2 桥式起重机安全规程

汽车冲压车间的模具重量都在 20～50t 之间，因此，模具的转运需要特殊的设备天车。天车负载了冲压生产线 30% 的工作量，可以说没有天车冲压车间的一切工作将寸步难行。俗话说"能力越大，责任也就越大"，而天车出现的安全事故无小事。因此，在进行天车作业之前，必须遵守以下安全规程：

① 天车操作人员必须经地方劳动部门进行安全技术和相关操作的培训，并经过考试合格取得操作证后方可操作。未经培训取得天车操作证人员，严禁操作天车。

② 不得超过起重机规定的起重量使用，严禁单点起吊、倾斜起吊或拖拉重物。

③ 捆绑吊运有尖锐边缘的工件时，需用软料垫好，以防钢丝绳被割断而发生事故。

④ 被吊工件悬在空中时，操作人员禁止离开，并应注视地面操作及行人车辆的安全。

⑤ 行车检修时，应切断总开关。并在闸刀上挂有"有人操作，禁止合闸"的明显标志。

⑥ 天车运行中如发现异常响声、误动作和操作失灵等情况，应立即切断电源，停止操作。

⑦ 在一般情况下，所吊物品离地面为 1m 左右，待需要升高时才可以升至所需高度。

⑧ 吊物被升高以后，下面严禁站人，要求行人往开阔的地方避让以保证安全。天车在运行时，操作员应集中精神，被吊物品应避免跨越生产设备及机台人员。

⑨ 天车在工作中暂停时，操作人员需要按下急停按钮。

⑩ 天车转换方向时，应待天车停稳后才能进行换向。

⑪ 天车严禁高频率点动或骤行骤停，应保持被吊物品平稳运行。

⑫ 未经安全员同意，任何人员不允许上到天车及轨道处。

在每次开机之前，也需要对天车的状态进行检查，主要进行检查的内容包括：

① 对制动器、吊钩、钢丝绳和安全装置等部件按起重机点检表的要求检查记录，发现异常现象，应立即停止操作。

② 在无载荷情况下，接通电源，开动并检查各运转机构，控制系统和安全装置，均应灵敏准确，安全可靠，方可使用。

③ 起吊前检查钢丝绳的磨损情况，若发现异常情况，须告知安全员。

④ 滑轮转动灵活，不准有裂纹、破裂现象。

此外，在天车作业时，必须严格遵守"十不吊"原则，主要内容包括：

① 指挥信号不明，或别人乱指挥，不准起吊。

② 吊物上面或调运线路有人不准起吊。

③ 工件坚固不牢或斜拉工件时不准起吊。

④ 安全制动装置失灵不准起吊。

⑤ 超负荷不准起吊。

⑥ 工件埋在地下不准起吊。

⑦ 光线阴暗看不清工件不准起吊。

⑧ 菱刃物件，没有安全措施不准起吊。

⑨ 吊起的物体下面，不准人员通过。

⑩ 设备存有故障，不准带病继续工作。

6.4.3 叉车安全规程

汽车冲压车间的坯料及冲压出来的车身覆盖件的物流转运往往由叉车完成。而在进行叉车作业之前，必须遵从以下安全规程：

① 驾驶人必须经过培训和考试合格，持有驾驶证，同时经科内核发上岗证后，方可驾驶叉车。

② 叉车必须经质监部门鉴定认可后方可使用。

③ 开车前应按点检表要求点检叉车，不完好不准开车。同时对照保养要求做好每日每周的保养工作。

④ 遵守有关安全规定，不准超速行车，厂内主干道限速 30km/h，支干道限速 15km/h，车间内限速 5km/h，不准随意超车，不准赛车，不准酒后驾车。

⑤ 行车时要留意路面情况，路面不理想时要减速慢行。

⑥ 在视线不清的情况下行车时，应降速开亮大灯通过。

⑦ 避免紧急制动和高速转弯。

⑧ 叉车通过路口或转弯时，要减速，做到"一慢，二看、三通过"。

⑨ 出现故障应停车熄火检查。

⑩ 完工后应把车停放到指定地点，做好叉车、充电器、备用电池的清洁保养工作。

⑪ 若驾驶人离开岗位时间较长（30min 以上）或节假日前，必须将钥匙拔下，避免被非授权人操作。

⑫ 每天叉车作业前，应严格按照始业点检表进行点检，并做好记录，如发现异常，应停止操作并通知相关人员到场维修。

⑬ 驾驶人在饮酒、睡眠不足及服用有助眠作用药物等影响思维清晰的情况下，不得操作。

⑭ 禁止叉车操作人员在货叉上有物品悬空状态下离开叉车，离开叉车前必须卸下货物或降下货叉架。

⑮ 当叉车驾驶人离开叉车时，必须使叉车处在一个他人无法操作的状态。如拔下钥匙，拉上驻车制动，锁上方向盘等，且必须停放于指定位置，并应将货叉完全平行贴地。

6.4.4 压力机安全规程

汽车冲压车间的车身覆盖件都是在冲压线完成的，而在进行作业之前，必须遵守以下安全规程：

① 上岗前，操作者必须按照要求穿戴好的公司规定的安全帽、安全鞋、长袖工作服、防护手套和耳塞等劳保用品。

② 确定工作台路轨上、液压垫顶部没有异物存在。

③ 开机前要检查模具、压力机及周围有无不安全因素，检查是否有明显的漏油点，待一切正常后，方可工作。

④ 电动机起动后，要待飞轮转速正常后才可进行操作。机器运转中禁止修理、调整和停止润滑，如有异常现象应停机告诉班组长，不得擅自处理。

⑤ 除设备人员外，其他人员严禁擅自短接光电保护装置及各种联锁插销、限位开关，急停等安全装置。设备人员如果需要短接或者修改程序，须指定修改责任人并填写《设备调整通知书》发给相关人员。

⑥ 人工送件时，在压力机滑块安全返回到上止点停止后，OP 手必须打开压力机前后提升门，确认滑块锁锁紧，滑块锁安全指示灯为绿灯，按下压力机急停开关、打开压力机前后光栅，将选择开关切换到"模具更换"，并将钥匙拔下，之后才能将工件送进模具或将工件从模具中取出。

⑦ 对于冲压线压力机，在非联动生产时需进入压力机内作业时，OP 手必须打开压力机前后的提升门，打开压力机栅栏门，确认滑块锁锁紧，滑块锁安全指示灯为绿灯，拔下安全栓联锁插头，并将安全栓竖立放在下模的支承面上，打开压力机前后光栅，将压力机前后机器人调到手动模式并将速度降为 0，之后 OP 手将选择开关切换到"模具更换"并将钥匙拔下以确保安全，关断主电动机，最后在压力机操作面板上挂"禁止操作，有人工作"标识牌。

⑧ 对于模具维修区试模压力机，如需进入压力机进行修模和擦模作业时，OP 手必须打开压机栅栏门，确认滑块锁锁紧，滑块锁安全指示灯为绿灯，拔下安全栓联锁插头，并将安全栓竖立放在下模的支承面上，打开压力机前后光栅，之后 OP 手将选择开关切换到"模具更换"并将钥匙拔下以确保安全，关断主电动机，最后在压力机操作面板上挂"禁止操作，有人工作"标识牌。

⑨ 在联动生产时，如需进入压力机工作区域作业时，则采取以下安全措施：将压力机前后提升门打开，压力机栅栏门打开，确认滑块锁锁紧，滑块锁安全指示灯为绿灯，将选择开关切换到"模具更换"并将钥匙拔下，将压力机前后机器人调到手动模式并将速度降为 0，并挂"禁止操作，有人工作"标识牌。如果作业在 10min 以上，还必须拔下安全栓联锁插头，并将安全栓竖立放在下模的支承面上，关断主电动机。

⑩ 在联动生产时，若需进入生产线但不在压力机工作区域时，OP 手必须打开压力机前后提升门，确认滑块锁锁紧，滑块锁安全指示灯为绿灯，将选择开关切换到"模具更换"并将钥匙拔下，严禁擅自绕过安全围栏进入工作危险区域。

⑪ 采用机器人联动生产时，调用的数据必须与工艺卡上的模具号一致，正常后方可联机生产。

⑫ 严禁在压力机工作时调整参数，严禁擅自修改自动化控制参数，自动化参数和压力机参数的更改必须由机长专人负责。

⑬ 在使用自动化装置前必须确认其工作区域是否正常才能启用。

⑭ 生产操作中应集中注意力，不得与他人闲谈，严禁在生产线上使用移动电话。在有人进入压力机内进行作业时，OP 手不得离开岗位从事其他工作。

⑮ 生产中坯料和工件堆放要稳，整齐，不超高。工作台禁止堆放杂物，滑块运动中禁止清理工作台上的废料。

⑯ 不准直接用手将卡死在模具上的工件或废料推出，必须按照作业要求佩戴好劳保用品才能作业。

⑰ 使用压缩空气吹铁屑时，对面不准站人。

⑱ 生产中出现滑块异常下滑、模具松动、粘模等异常情况时，要立即按下"紧急停止"按钮，停机并通知维修人员处理。

⑲ 设备维修人员进行大型维修设备作业时，应切断电源，并在开关处挂上"禁止合闸，有人工作"的警示牌。

⑳ 工作完毕，应将模具停靠在上死点，并认真收拾所用工具和清理现场，搞好文明生产。

6.4.5 冲压车间劳保用品佩戴要求

进入汽车冲压车间工作的人员，必须严格按照冲压车间的要求佩戴劳保用品。不同企业可能会有不同的要求。在同一企业中，对于不同的工种，其劳保用品的要求也不一样。冲焊车间不同岗位和工种所要求的劳保用品名称见表6-2，可作为参考。

表 6-2 不同岗位和工种所要求的劳保用品名称

序号	作业类别	劳保用品佩戴	使用环境
1	装箱作业	长袖工作服	装箱使用
2		安全帽	装箱使用
3		安全鞋	装箱使用
4		防割手套	装箱使用
5		帆布手套	装箱使用
6		护腕	装箱使用
7		耳塞	装箱使用
8	钣金作业	长袖工作服	钣金使用
9		安全帽	钣金使用
10		安全鞋	钣金使用
11		防割手套	钣金使用
12		帆布手套	钣金使用
13		防护眼镜	钣金打磨使用
14		口罩	钣金打磨使用
15		耳塞	钣金使用
16	生产线操作人员	长袖工作服	操作使用
17		安全帽	操作使用
18		安全鞋	操作使用
19		耳塞	操作使用
20		防割手套	与板件接触时
21		护腕	与板件接触时
22		帆布手套	生产过程中与设备接触时

（续）

序号	作业类别	劳保用品佩戴	使用环境
23	模修作业	长袖工作服	模修使用
24		安全帽	模修使用
25		安全鞋	模修使用
26		纱手套	模修使用
27		防割手套	与板件接触时
28		护腕	与板件接触时
29		防护眼镜	打磨时
30		防尘口罩	打磨时
31		耳塞	模修使用
32	设备维修	长袖工作服	设备维修使用
33		安全帽	设备维修使用
34		安全鞋	设备维修使用
35		纱手套	设备维修使用
36		耳塞	生产时现场巡查
37	检验	长袖工作服	检验使用
38		安全帽	检验使用
39		安全鞋	检验使用
40		防割手套	检验使用
41		帆布手套	检验使用
42		耳塞	生产现场使用
43	焊接作业	长袖工作服	焊接使用
44		安全帽	焊接使用
45		安全鞋	焊接使用
46		防护面罩	焊接使用
47		耳塞	车间内使用
48		防尘口罩	焊接使用
49	高空作业	长袖工作服	高空作业使用
50		安全帽	高空作业使用
51		安全鞋	高空作业使用
52		安全绳	高空作业使用
53		耳塞	车间内使用
54		纱手套	高空作业使用
55	电工作业	长袖工作服	电工作业使用
56		安全帽	电工作业使用
57		绝缘手套	电工作业使用
58		绝缘鞋	电工作业使用
59		耳塞	车间内使用

(续)

序号	作业类别	劳保用品佩戴	使用环境
60	吊装作业	长袖工作服	吊装作业使用
61		安全帽	吊装作业使用
62		安全鞋	吊装作业使用
63		帆布手套	与模具或钢丝绳接触时使用
64		耳塞	吊装作业使用
65	叉车作业	长袖工作服	叉车作业使用
66		安全帽	叉车作业使用
67		安全鞋	叉车作业使用
68		帆布手套	叉车作业与货架接触时使用
69		耳塞	车间内使用
70		防割手套	叉车作业与货架接触时使用
71	机加作业	长袖工作服	机加作业使用
72		安全帽	机加作业使用
73		安全鞋	机加作业使用
74		防护眼镜	机加作业使用
75		耳塞	在模修区域使用
76	模具清洗	防护服	模具清洗使用
77		防护面罩	模具清洗使用
78		防护手套	模具清洗使用
79		雨靴	模具清洗使用
80	其他作业	长袖工作服	其他作业
81		安全帽	其他作业
82		安全鞋	其他作业
83		帆布手套	其他作业
84		耳塞	车间内使用

本 章 小 结

1. 冲压作业中的危险主要体现在以下几个方面：设备结构具有的危险、带病运行、动作失控、开关失灵、机械性伤害、模具的危险、作业环境的危险、作业行为的危险等。

2. 危险源的标识方法有车间标识、区域标识、设备标识、模具标识和工艺标识。

3. 人身安全保护装置可分为双手结合式、机械式、机械-电器式、自动保护式等多种形式。

4. 汽车冲压作业的安全管理方法主要有工艺管理、冲压模具管理、冲压设备的安全防护装置的管量、冲压作业计划管理、安全教育、安全生产责任制、制订冲压作业安全生产管理办法、安全生产检查制度和奖惩制度等。

5. 汽车冲压生产中的各类安全规程。

思考与练习

1. 汽车冲压作业中的主要危险源有哪些？如何对危险源进行标识？

2. 试举出冲压作业中的人身安全保护装置的种类及特点？

3. 汽车冲压作业中的安全管理方法有哪些？讨论冲压设备的安全保护装置管理的具体内容？

4. 冲压作业中应遵守哪些安全生产规程？

参考文献

[1]　钟诗清．汽车车身制造工艺学[M]．北京：人民交通出版社．2012.

[2]　李雅．汽车覆盖件冲压成形技术[M]．北京：机械工业出版社．2012.

[3]　现代模具技术编委会．汽车覆盖件模具设计与制造[M]．北京：国防工业出版社．1998.

[4]　模具实用技术丛书编委会．冲模设计应用实例[M]．北京：机械工业出版社．1999.

[5]　姚贵升．汽车用钢应用技术[M]．北京：机械工业出版社．2008.

[6]　胡平．汽车覆盖件模具设计[M]．北京：机械工业出版社．2012.

[7]　王平．冲压加工设备及自动化[M]．武汉：华中科技大学出版社．2006.

[8]　王新华．汽车冲模技术[M]．北京：国防工业出版社．2005.

[9]　王孝培．实用冲压技术手册[M]．北京：机械工业出版社．1983.